河南评论家文丛

历史 城乡 叙事

武新军 著

河南大学出版社
HENAN UNIVERSITY PRESS

·郑州·

图书在版编目(CIP)数据

历史 城乡 叙事/武新军著.--郑州:河南大学出版社,2019.3
ISBN 978-7-5649-3702-7

Ⅰ.①历… Ⅱ.①武… Ⅲ.①中国文学－文学评论－文集 Ⅳ.①I206-53

中国版本图书馆 CIP 数据核字(2019)第 087050 号

项目总策划	侯若愚
责任编辑	甘慧君
责任校对	郭永君
封面设计	翟森森
出版发行	河南大学出版社
	地址:郑州市郑东新区商务外环中华大厦 2401 号 邮编:450046
	电话:0371-86059701(营销部) 网址:hupress.henu.edu.cn
排　版	河南大学出版社设计排版部
印　刷	河南瑞之光印刷股份有限公司
版　次	2020 年 2 月第 1 版　印　次　2020 年 2 月第 1 次印刷
开　本	890 mm×1240 mm　1/32　印　张　5.5
字　数	98 千字　　　　　　　　定　价　33.00 元

版权所有·侵权必究
本书如有印装质量问题,请与河南大学出版社营销部联系调换

目　录

第一章　关于革命历史叙述的几个问题——从奥威尔《动物农场》到墨白《风车》

第一节　两种不同的历史观//2

第二节　如何逼近历史的"本质"//13

第三节　小说语言与历史叙述//22

第二章　历史还原的得与失——评苏童《河岸》的历史叙述

第一节　虚构、想象与小说的历史感//29

第二节　历史的两面："主流"与"民间"//33

第三节　历史还是一团迷雾//38

第三章 《暗算》:茅盾文学奖的突破还是悲哀?

第一节　究竟有多少思想性//44

第二节　究竟有多少历史内涵//47

第三节　在叙事上究竟有多少创新//53

第四章 多维空间中的人性探索——评周大新长篇小说《第二十幕》

第一节　"人性"与"社会"//58

第二节　人性探索的经济纬度//61

第三节　人性探索的政治纬度//64

第四节　人性探索的文化纬度//68

第五章 谁来点亮进城的灯火——读李佩甫的《城的灯》

第一节　文学中的"城"与"乡"//72

第二节　冯家昌:"进城"的代价//75

第三节　刘汉香:乡村现代化的理想//79

第六章　如何面对小说的危机——评王湛国新著《煤老板》

第一节　面对小说文体危机//86

第二节　充分介入现实生活//88

第三节　充分发挥文字讲故事的能力//90

第四节　充分发挥文字艺术的特长//94

第七章　谍战小说的新突破——评周大新长篇小说《预警》

第一节　故事与人物形象//100

第二节　故事与生活经验//106

第三节　谍战小说的社会效果//110

第八章　史料的挖掘与历史的阐释：评刘增杰的文学思潮研究

第一节　"视界融合"：历史与当代的对话//115

第二节　宏观研究与微观研究统一，思潮研究与审美评价并重//119

第三节　链条意识与人文情怀//122

第九章　中国当代文学史研究的困境与出路:评程光炜著《文学史的兴起》

第一节　"批评化"与"历史化"//127

第二节　对启蒙文学史观的反思//132

第三节　多角透视和多重话语分析//139

第十章　关于中国当代重要作家年谱编撰的几点想法——以《韩少功研究资料》为例

第一节　年谱与作家履历//145

第二节　年谱与作品目次//152

第三节　年谱编撰与史料整理//157

第一章　关于革命历史叙述的几个问题
——从奥威尔《动物农场》到墨白《风车》

墨白的"颍河镇"系列小说，致力于反映20世纪下半叶中国历史在"颍河镇"留下的痕迹。中篇小说《风车》是其代表作之一，小说呈现的是20世纪50年代"大跃进"前后颍河镇的地方生活景观，其中修建池塘和风车等部分情节，在墨白此后写作的《雨中的墓园》等作品中有所延续，是可以放在一起来谈的。阅读《风车》，很容易联想到英国作家乔治·奥威尔的政治寓言小说《动物农场》。两篇小说都对社会主义革命和建设的历史进行了反思，小说中都有一个"风车"的关键意象，而且"风车"的寓意基本相同：都是在社会主义革命中建构出来的理想乌托邦，都是一种对美好未来的许诺，都是和现代化和机械化联系在一起的，和人的自由和解放联系在一起的。所不同的是：《动物农场》写作于1944年，正值苏联社会主义事业如日中天之时，马克思主义在全球范围内产生巨大影响，而资本主义则声名狼藉,殖民主义体系出现分崩离析的态势;而《风车》写作的1991年左右,正赶上苏联解体和东欧剧变,社会主义在全球范围内遭遇到严重的挑战,自由主义在知识分子中成为一个新的神话。两篇小说在叙述革命历史时出现的较大差异,是与两个时期不同的政治格局、意识形态环境、文学潮流密切相关的,也与两位作家不同的精神结构密切相关。经过二十多年的发展,资本全球化进程进一步展开,我们对市场经济和自由主义有了较为深刻的体验,对消费主义控制下的文学写作也有了较为深入的理解。在这样的历史条件下,深入比较两篇小说的历史观、叙述历史的态度和方法及其语言特征,并由此审视20世纪80年代末期以来革命历史题材小说创作中所存在的问题,应该说还是一个有意义的话题。

第一节 两种不同的历史观

20世纪40年代初期,英国和苏联建立联盟关系,英国的各类媒体热衷于赞美苏联,欧洲左翼知识分子再次活跃起来。在对苏联的阵阵赞美声中,奥威尔完成小说《动物农场》。小说旨在打破苏联神话,振兴社会主义运动,消除苏联神话对欧洲社会主义运动的消极影响。奥威尔曾说:"我在一九三六年以后写的每一篇严肃的作品都是直接或间接地反对极权主义和拥护民主社会主义的,当然是根据我所理解的民主社会主义。"①在马克思主义哲学、经济学和历史学的深刻影响下,奥威尔倾向于从"经济基础"出发来观察和分析革命历史,把"经济基础"作为政治、意识形态和权力分析的逻辑起点。在《动物农场》中,他频繁地使用"食物""口粮""饲料""劳动工具""劳动成果""分配""福利"等词语对苏联革命的起因及其遭遇的挫折进行分析。

在冷战思维的支配下,不少左翼和自由主义的知识分子都倾向于把《动物农场》理解为反社会主义的小说,这是一种严重的误读。在这部小说中,奥威尔对苏联革命史在整体上是持辩证分析态度的,更多的是对复杂的革命历史的严肃反思。在历史叙述上,奥威尔是有着自己的野心的,他试图在帝国主义(殖民主义)、法西斯主义、社会主义相互对峙的世界格局中描述苏联,他从"庄园农场"改名"动物农场"再复名为"庄园农场"的过程,"总体性"地呈现出苏联社会主义革命酝酿、兴起和最终向极权主义发展的过程。

奥威尔并不否定"风车"的美好理想,他充分肯定老少校的"奇怪的梦",肯定国际歌《英格兰的生灵》所期待的"未来黄金时代的美好前景",肯定动物们为追求民主、平等和美好生

---

① [英]乔治·奥威尔:《我为什么要写作》,《奥威尔文集》,中央编译出版社,2010年,第95页。

活而发起的革命。对革命胜利之初新的专制尚未形成之时的苏联,奥威尔也是心向往之的:寄生虫琼斯被轰走,"动物都有了更多吃的东西。休闲的时间也更多了",动物们翻身做主后工作效率明显提高,精神境界明显提升,"农场的无论哪只动物,甚至没有偷吃过一口草","没有当小偷的,没有为口粮份额发牢骚的,往日里属于生活中家常便饭的吵架、互咬、妒忌等等,几乎已经看不到了。没有旷工的,或者几乎没有"。①由于不必担心偷盗等问题,动物们在安全防卫方面节省了一大笔开支。奥威尔还写到社会主义的强大的生命力:动物农场革命成功后,革命浪潮迅速席卷到周边的农场,《英格兰的生灵》到处传唱,连鞭子也压不住,"人们倾听这歌声,禁不住暗暗打寒战。似乎从中听到了他们在劫难逃的预告"。为对抗社会主义,"人们"千方百计地诋毁、污蔑动物农场,但他们也不得不钦佩动物农场高效的管理机制。

在20世纪40年代纷繁复杂的社会矛盾中,奥威尔尊重历史的复杂性,并坚守思想自由和社会民主的立场,持续不断地从总体性的视野寻找历史的发展方向,探索实现思想自由和社会民主的途径。他深知在资本主义的社会体系中,根本无法实现自己"民主"的社会理想,因此更多地寄希望于社会

---

① [英]乔治·奥威尔:《动物农场》,上海译文出版社,2010年,第27~28页。

主义。在《动物农场》中,奥威尔虽然正面书写了苏联"大清洗"的残酷,但对此不乏同情和理解:"我不会仅仅因为斯大林和他的同事的野蛮和不民主的手段而谴责他们,很有可能,即使有最好的用心,在当时当地的情况下,他们恐怕也只能如此行事。"①奥威尔期望能够建立非极权主义的社会主义形式,以此保证思想的自由和个人的民主权利,因此他对社会主义向极权主义方向发展充满警惕。在《动物农场》中,奥威尔仔细描写了动物们在追求风车理想的过程中,是怎样产生了宗派主义斗争、个人崇拜和极端专制;美好的理想是怎样被根深蒂固的特权思想破坏;群众缺乏必要的文化知识和民主素养,又如何使得专制和特权思想侵入社会主义的肌体。

奥威尔的历史观是历史唯物主义的,是唯真是取的,他对各种政治化、意识形态化的历史叙述充满警惕。《动物农场》以大量篇幅揭示吱嘎(动物农场主观意识形态工作的官员)、"人们"(资本主义)、弗雷德里克(德国法西斯)、皮尔金顿(英国)等出于不同的政治目的而随意篡改历史,通过控制"过去"来控制"现在"乃至"未来"的行为。奥威尔坚信历史真实是存在的,他极其反感"对事实进行重构,并最终取消事实",并强调"真者为真,假者为假。这是很简单的道理。但未来世界的

---

① [英]乔治·奥威尔:《动物农场》,上海译文出版社,2010年,第140页。

命运可能就悬挂在这样简单的道理上"。唯真是取并非简单地排斥"谎言",在奥威尔眼中,"谎言"也是一种历史真实:在资本主义世界不断诋毁社会主义的舆论攻势中,为了捍卫新生的社会主义制度,动物农场不得不反复地宣传并夸大自己的成绩,频繁地庆祝自己的胜利,想方设法地掩盖粮食短缺的危机,并把所有的失败都归咎于假想敌"雪球"。

墨白的《风车》创作于1991年,酝酿的过程可能是在20世纪80年代末期,正值社会主义在全球范围内陷入"危机"。戈尔巴乔夫力主开放媒体和舆论,主张"无论是在历史上还是在文学中不应该有被遗忘的名字和空白点。否则就不是历史,不是文学,而是人为的应景之作"。一时之间,批判斯大林时代"阴暗面"的作品潮涌而出,苏联的国家意识形态受到致命的冲击。某些长期被压制的"异端"文学通过《苏联文学》等杂志进入中国。这个时期,墨白与他的同辈作家们正在思想上和艺术上走向成熟,他们与苏联的这股新浪潮不期而遇了。他们津津有味地阅读帕斯捷尔纳克、普拉东诺夫、巴别尔、布尔加科夫等人反对斯大林体制的作品,这些作品唤醒了他们创伤性的历史记忆,使他们产生了强烈的共鸣,因此认为这些作家"持有不同的政见",代表着作家的"艺术良心"。[①]

[①] 墨白:《三个内容相关的梦境》,《世界文学》2006年第2期。

在新浪潮的影响下，墨白自然会对中国社会主义革命和建设的历史持批评的态度，更多地关注那段历史的"荒诞性"：把南方的风车引进到水源不足的豫东平原上，本身就是很荒唐的事情；老黄牛因为是"集体的"和"无产阶级的"，在理论家心目中的地位竟然高于公社社员；理论家喷在别人脸上的唾沫和因愤怒而放出的响屁，也被赋予了至高无上的政治意义；右派分子和理论家的尿，竟然被区分为不同的政治等级；木匠像机器人那样，不停地机械地拉着空锯，却没有一丝锯末飘下来……无可否认，历史中是存在这样的荒诞性因素的，作家可以放手去书写。我所担心的只是把荒诞因素上升到历史观的层次：在墨白及其同辈作家中，普遍存在着把历史尤其是革命历史荒谬化的观点。这种观点牢固地控制着作家们对历史的书写和想象，成为他们走进和反思革命历史的阻力，并严重遮蔽了革命历史本身的丰富性和复杂性。既然历史是荒诞的，那还怎么可能从历史中汲取经验和教训呢？

我们有理由认为：1990年前后兴起的新历史小说的创作潮流，正是当时全球涌动着的新浪潮的产物。在新浪潮的裹挟下，从至高无上的"人权""人性"与"性别"等角度来质疑革命历史，成为一种写作的时尚，成为一种把历史抽象化的教条。许多作品热衷于讲述"革命压抑人性""革命破坏民主""革命压迫女性"的故事，这并非作家们长期深入研究历史的结果,而是新浪潮催生的流行观念的产物。在《风车》中,墨白也把"民主""性别"等问题作为审视历史的出发点:右派分子被剥夺了同情和帮助别人的权利、爱惜公社被浪费了的红薯的权利;在公共食堂里,某妇女因吃得太饱而被队长强行解开裤腰带,某汉子连拉肚子的权利都没有,被队长强迫一碗碗地吃公社里的大肥肉;老穆的酱菜作坊被强行拆除,他因为留恋私有财产而被塞进了棺材;地主婆因保护祖坟,被捆住双手双脚,用四根粗壮的木橛子固定在地上而悲惨地死去……桩桩件件都令人触目惊心。但我们对此并不陌生,这些年的学术著作和文学作品,不是都在不约而同地释放着、生产着这样的历史信息和历史知识吗?

由于未能把"人权""人性""性别"等问题放到当时的"社会结构"中思考,墨白和他同辈的作家们习惯于书写革命对"民主"的破坏、革命对"人性"的践踏,而不愿去正视革命历史的另一面,不愿去思考是否还存在另一种叙述的可能性:在革命历史的天空中,既有严重的失败,也有可喜的成绩;既有阴霾笼罩,也有风和日丽;既有知识者失去人权的屈辱,也有卑贱者得到尊严的欢乐。小说对建造风车的整体否定,明显指向当时的兴修水利运动。这个运动存在着非常严重的缺点和失误,但它是否一无可取呢?这个运动是否扩大了可灌溉土地面积,是否提高了抵御水旱灾害的能力,在未来中国的发展中是否发挥了积极的作用,历史学研究者和社会学研究者不是一直在争论吗?率性而为地用隐喻或象征来宣告它的"荒谬"与"失败",这能是一种历史主义的态度吗?《风车》对"大锅饭"的描写,也不是不可以讨论的。在当时的历史条件下,大办公共食堂整体上是失败了,但它所联系的也不仅仅是小说中所描写的浪费与专制。在1958—1959年各文学报刊上发表的许多短篇小说中,大办公共食堂就曾以另一幅面孔出现过:它是与"家务劳动社会化"相联系的,可以解决资本主义社会一直无法解决的"妇女解放"问题,可以实现男女同工同酬,因此妇女们是坚定的支持者;它是与"节省劳动力""节省燃料粮食""提高劳动效率""迅速推进社会主义建设"相联系的,因此基层干部们是积极推动的,他们还认真地探索如何以民主的方式办好公共食堂;它是与"人的全面发展"相联系的,农民们可以节省出更多的时间学知识,吟诗,作画,学哲学……当然,历史从来都不会按照理想家们设计好的轨道向前发展,严肃追问这次大规模的社会实验是如何产生的,又是在什么力量的推动下走向失败的,也许要比简单地宣判它荒诞不经更有益些。或许有人会认为,这是以庸俗社会学来否定小说中的叙事学,但如果小说的叙事都抛弃了社会学,这是不是同样也很可怕呢?

墨白在《风车》中所呈现的历史观,正是20世纪90年代以来在作家中流行的历史观:在后现代主义思潮的冲击下,历史相对主义和历史虚无主义泛滥,继续追问历史的"本质"和"规律",好像已经是愚不可及的了。作家们于是放弃了对历史的"总体性"的追问,丧失了历史的"方向"感,同时也丧失了在"总体性"中解释历史的能力。不少作家为了反叛主流历史叙述的专制性,致力于"打碎"和"拆解"过去的宏大历史叙事,探索新的历史叙述的可能性,并由此产生历史叙述的严重主观随意性,使历史成为人言人殊的"迷宫"。大凡从事过历史研究的人都知道:杀猪容易养猪难,建构历史需要更多的智慧和耐心,需要更为艰苦的阅读与思考,需要深入矛盾重重的历史事件中去梳理"制度""文化""思想""精神"等的遭遇和历程。而"打碎"或"拆解"历史则要容易得多,无须顾及历史事件的"规律"和"秩序",无须追索不同历史事件之间的相互关联,只要凭着虚构和想象就可以随心所欲地谈论历史、解构历史了。

在墨白的心目中,历史是没有什么"总体性"的,也是没有什么"真实性"的,历史被等同于"时间"和"记忆",被降格为一个个琐碎的"事件"。他曾反复地说自己非常重视自身的记忆,"时间在我的回忆之中丧失了秩序","历史的真相是什么?历史就是某个人从某个带有主观意识的侧面所看到的某个事件的某个方面,历史就是某个人的好恶"。① 这真有点不可思议,历史如果只是"某个人"对"某件事"的内心感受或生命体验,与"大多数人"的生存经验无关,与阶级、民族、国家乃至人类的生存经验无关,那历史就真的成为一地碎片一地鸡毛了,也就再也谈不上什么可以共享的历史了。在近年来的文学批评中,鼓励作家解构历史的言论比比皆是,我不知道作者们是怎么想的,难道把历史打成一地碎片,我们所期待的民主和自由就会翩然而至吗?

墨白在叙述历史时,喜欢抓住自我生命"此在"的一瞬间,勾连起过去、现在和未来,喜欢把过去与现在交揉在一起,营造混沌的意象和神秘化、梦幻化的氛围,喜欢在时间之流中思考人的本质与存在、生与死、爱与欲、权力与人性等普遍性的超历史的抽象问题,并在对这些问题的探索中把自己封闭起来,而不愿意真正沉潜到历史中去追索经济、政治、文化、习俗等因素对人的生活方式和精神状态的深刻影响。在创作《风车》的那个特殊的历史时期,"告别革命""拒绝崇高"的社会心态在潜滋暗长,创伤性的历史记忆被不断地强化,"历史是怪诞的""历史是非人性的"观念逐渐流行。作者没有深入到当时的国际局势和社会结构中去审视"大跃进"的历史,给这段

---

① 墨白:《梦境、幻想与记忆》,河南大学出版社,2013年,第414页。

"荒谬"的历史以"合理"的解释,就顺应着当时的社会思潮把它荒谬化了。这种按照流行的观念叙述革命历史的方法,在此后的小说写作中被沿袭成风。单从历史和历史叙述角度讲,这与其说是探索,不如说是逃避;与其说是新锐,不如说是守成。真正具有探索性和实验性的作品,应该给读者提供一些流行观念之外的东西,为他们提供认识历史的新的可能性,而不是一再地重复某些已经定型了的历史观念。

这样说或许有些过火,但绝不是要和墨白较劲,只是想以他为例来谈我能够意识到的某些不好的现象:20世纪90年代以来,许多著名作家在对待历史的态度上,更多关注的并非历史本身,而是所谓的历史观念的更新。墨白也如此,他痴迷于对历史观的思考,痴迷于对历史哲学的阅读。但这些思考和阅读,并没有加大与历史本身的摩擦系数,并没有和具体的历史问题很好地结合,因此也很难充分进入到历史的内在肌理。为了反叛"专横"的宏大历史叙述,不少作家倾向于选择"多视角"来叙述历史,如李洱的《花腔》、叶广芩的《青木川》等,选择不同政治身份的人在不同时期讲述同一个重要的(与社会的主要矛盾相关的)历史事件,这确实有助于呈现历史的多个侧面,有助于在历史与当下的对话中形成更具有包容性和内在张力的历史叙述,但也因此而陷入了历史相对主义的泥潭。墨白的《雨中的墓园》也采用"多视角"的方式进入历史,偏离宏大历史叙事更远些:小说讲述的群体死亡事件,只是一件与当时的主要社会矛盾无关的"往事",与政治、思想、精神和心态史无关的"往事",从中是很难提炼出多少历史内涵的。在作者精心设计的叙事迷宫里,我们看不到作者对历史问题的严肃追问,所能看到的只是作者的"历史的不确定性""历史的多种可能性"的观念。

第二节 如何逼近历史的"本质"

在叙述历史时,任何人都难以回避对历史的"判断",这就涉及叙述主体与客观史实的关系问题了。不同的作家(叙述主体)有着不同的精神特质:有的偏重于客观的观察,有的偏重于主观的感觉;有的擅长理性的思考,有的擅长感觉的呈现。这就是王国维所说的"客观之诗人"与"主观之诗人":"客观之诗人不可不多阅世,阅世愈深则材料愈丰富,愈变化","主观之诗人不必多阅世,阅世愈浅,则性情愈真"。在历史小说创作中,也存在客观之作家与主观之作家的区别:主观的作家对历史的评价,常常是斩钉截铁的,是浮在历史的表面上的,他们更重视自我的感觉,更重视符合自己价值观的史实,合我者则取,不合我者则弃,并在合并同类史实的基础上简单地得出历史的结论;而客观的作家,内心往往是充满纠结的,他们对自我是充满怀疑的,能够走出自我并充分地向历史开放,他们更关注那些不符合自身历史观念的史实,并在不断吸纳这类史实的基础上,不断修正自己对历史的认知,从而一步一步地深入历史,接近历史的本质。

正如雷蒙德·威廉斯所指出的,奥威尔是一位长于客观观察和理性思考的作家,更接近王国维所说的"客观之诗人"。从《奥威尔日记》来看,他在写作《动物农场》之前,曾持续不断地研究英国、德国、俄国、法国、印度等不同国家的报纸和广播,研究各国之间的军事冲突、不同党派之间的政治冲突、各种社会机构的运作机制,并曾对当时的教育制度、警察制度、新闻制度进行过深入的研究。但奥威尔并不把写作寄生于报刊媒体或学术著作,他更重视自身的生活经验,并通过自身的经验来熔铸方方面面的知识和信息,从而使写作成为不断挑战自我的高难度写作,并形成较为成熟的分析历史和社会的方法:用整体联系的眼光看待历史的复杂性,用具体分析的方法看待历史本质的多层次性,用开放的眼光看待历史的局限性。在长期观察、体验和研究历史的基础上,奥威尔获得了敏锐的思想洞察力、政治洞察力和社会洞察力,并善于通过"隐喻"或"象征"驾驭和结构复杂的社会历史经验。《动物农场》从宗教、法律、教育、新闻、文艺等不同层面反思苏联历史,在不长的篇幅中传达出极为广阔的社会生活经验。

奥威尔善于从"现象"入手探求历史的规律,因此在叙述历史中时有精彩的发现,比如各种社会仪式的意识形态功能,奥威尔对合唱、诗歌朗诵、游行、集会、升旗、授奖、葬礼等现象的描写,大多数都是只言片语,却准确地暗示出这些社会仪式在社会管理方面所起的作用,犀利地穿透了革命历史的表层。比如"苦"与"乐"的关系:动物们的口粮一再被削减,建设风车的劳动越来越艰苦,但这都被另一些事实抵消了:"现在的生活具有比过去较多的尊严。歌声多了,讲演多了,列队游行多了。"①风车建成后的美好理想,拳击手的模范带头作用,对奉献精神的倡导,对幸福观和价值观的界定,都营造出浓郁的以苦为乐的社会氛围。比如"意识形态"与"群众"的关系:意识形态对人的思想和行为的控制,依靠的并非权力和强制性力量,"思想控制不仅是被动的,而且是主动的",不断地庆祝胜利,不断地公布粮食增产的数据,不断地宣传自己是社会的主人,受苦受累是为子孙后代谋幸福,这些都是动物们"乐意相信"的。比如"民主"与"专制"的关系:当猪占有牛奶和苹果时,当只有猪才能参加的专门委员会取代所有动物参加的碰头会时,当动物农场的革命历史记忆被肆意歪曲时,当革命初期确立的法典一个个被篡改时,也是一直存在质疑和抗议之

---

① [英]乔治·奥威尔:《动物农场》,上海译文出版社,2010年,第110页。

声的。但这种民主的力量是极其微弱的,因为动物们缺乏必要的知识和表达能力,他们呼唤民主的声音一再被绵羊们"四条腿好、两条腿不好"的叫声所淹没,被九条狗凶暴的狂吠所打断,最终形成了极权主义的局面。

文学是人学,历史小说家"总体性"地研究社会环境与人的关系,目的是为了更好地书写历史中的人,通过人的精神状态呈现历史的本质。为了揭示斯大林体制下群众的精神状态,奥威尔采用了择取类型的"典型化"手法:思想活跃富有改革热情的公猪雪球,专横残暴的公猪拿破仑,能言善辩颠倒黑白的小肥猪吱嘎,巧舌如簧宣传宗教的乌鸦摩西,克己奉献而思想简单的公马拳击手,好逸恶劳贪慕虚荣的母马莫丽,洞明世事明哲保身的驴子本杰明,凶暴残忍的狗,只知驯服和盲从的绵羊,缺乏学习能力背不下"七戒"的鸡、鸭、鹅……不同类型的动物形象,呈现出不同社会群体的精神面貌,展示出历史时代精神的不同侧面。由于熔铸了尽可能多的相互矛盾的历史现象,《动物农场》深深地切入了历史的内在肌理,成为一部有深度和有认识价值的乌托邦寓言体小说。

从个人经历和个人气质来看,墨白都是一个情感型的偏爱幻想的人,更接近王国维所说的"主观之诗人"。这种类型的作家,如果生活在推崇理性的时代,其创作才能可能会向着理性的方向发展。但人是无法选择自己的时代的,在墨白逐渐走向成熟的人生阶段,正好遇上了20世纪80年代末期咄咄逼人的纯文学思潮、非理性主义思潮和形式探索的浪潮,社会学的文学观念大幅度地贬值缩水甚至被束之高阁。在这股浪潮的裹挟之下,不少作家从时代生活的激流中撤离出来,从外部世界转向内心世界,他们更重视直觉、想象、幻想和虚构的力量,而不愿意受制于现实生活的逻辑,不愿意让思想进入到文学中去。曾经潜心于写诗、作画和音乐的墨白,显然更容易受到新浪潮的影响,他的以文字作画、以文字作乐的才能被大大地激发出来。在小说《风车》里,他无所顾忌地倒向了感觉崇拜论和想象力崇拜论,而在感觉与想象的膜拜中是很容易把自己封闭起来的,这就使得《风车》成为20世纪90年代以来文学症候的一个典型代表。

诗人和画家在回忆往昔的岁月时,大多会对流逝了的声、色、光、影非常敏感。为了复原"大跃进"的历史氛围,墨白显然付出了不少的努力:会场上的铁皮喇叭声和喧天的锣鼓声,斧头砍树的沉闷的声音,锯木头的声音,辘轳摇水的声音,铁匠棚里的锤声,钢锉锉锅的声音;姑娘的条绒裤子在走动时叽扭叽扭的摩擦声;磨坊里的面箱和食堂里的簸箩;从各家各户收来的门板与铁锅,篾匠在油灯下捉虱子,用瓦盆生豆芽,用箩筛面……作者用细腻的笔触呈现出这些从记忆深处打捞出来的细节,无疑都是有助于增强小说的历史感的。

但这还远远不够。捕捉历史的声色光影,更多呈现的是"现象"层面的历史。如果不能把现象还原到当时"总体性"的社会结构中深入开掘,是很难接触到历史的内在规律和复杂的历史动因的。墨白在小说中也想逼近历史的"本质"。他认为那个时代"是一个要消亡人的个性和独立思考的时代,是一个要把人变成奴隶和奴才的时代,是一个把人变得愚蠢和麻木的时代,是一个生活里充满谎言的时代"。我们可以理解作者的义愤,但无法接受他的以偏概全。正如《动物农场》所昭示的,即使在最荒谬的年代,也不乏正义的力量与真理之声,否则人类就不可能一次次地克服危机而顽强地生存下来;曾经宣告历史中充满"瞒"和"骗"的鲁迅,就不会一直寻找民族的脊梁。带着荒谬的眼睛到历史中寻找荒谬,难免会万物皆着我之色彩;带着崇高的眼睛到历史中去寻找崇高,历史也不会让我们失望的。恩格斯曾说,历史上什么事情都发生过,为任何观点找几个例子都不难。

在写到建造风车的内在动力时,作者多次写到理论家对美好未来的许诺和颠倒黑白的诡辩,写到队长与群众创造的酷刑"箩面战",并刻意让二者相互配合,共同推动叙事向前发展。作者意在强调:意识形态的欺骗和肉体的惩罚是革命动员的主要手段。但这样来解释历史是远远不够的,有可能把复杂的历史简单化。比如,在《风车》里,作者也写到了艺术活动:"窈窕淑女在稻田里一边劳动一边歌唱","人们欢呼跳跃,开始在浓烈的硝烟气息里扭起秧歌来"。这些群众文艺活动,本来是有深入挖掘的空间的:在缺乏物质刺激的历史条件下,文艺活动是鼓动工农业生产的重要手段。轰轰烈烈的群众文艺活动,频繁的赛歌、赛诗、赛画活动,赋予艰苦枯燥的体力劳动以审美性,并在此基础上形成具有强大影响力的劳动美学。遗憾的是,作者未能把群众艺术活动和社会动员问题联系起来,只是把它们当作一般的细节来处理了。小说里还写到了一个富有献身精神的木匠,本来也是个进入历史的很好的角度。当时各行各业的组织者都非常重视精神变物质,频繁地组织生产竞赛、确立榜样、评选劳模等活动,赋予艰辛苦累的劳动以崇高的价值,形成深入人心的劳动价值论,在各种生产活动中发挥着极其重要的作用。遗憾的是,作者也没有把木匠与历史的发展联系起来,木匠的献身精神除了引起理论家的感动之外,并没有与普通群众发生更多的联系。在小说的结尾,瘫痪的木匠用自己的身体为公社孵小鸡,这种猎奇性的描写,意在消解"劳动模范"的政治意义,把它漫画为缺乏主体性的"劳动工具"。把富有历史内涵的人物荒谬化,使作者失去了进一步深入历史的可能性。

《风车》中的其他人物形象,也多是作家随意驱遣的对象,显示出作者过于浓厚的主观化色彩:在"兴无灭资"的意识形态环境中成长起来的农村基层干部,他们多数人的精神状态是什么样子的,他们如何使用手中的权力如何压制个人欲望,我们是不难理解的,但作者却无视这类人物的时代特征,用讽喻的手法把队长简化为"权力"和"欲望"的象征;在大力培养社会主义接班人的环境中成长起来的一代青年女性,她们的精神状态是什么样子的,也是不难理解的,小说中的小女孩,在当时更可能是个有理想的单纯的共青团员,但作者却把她处理为理论家发泄欲望的对象。墨白很喜欢把人物的精神状态推向极致,如理论家育人心切,对着豆子一次次地宣讲革命的理论,想培养理论的种子;又如右派分子在压抑中走向精神错乱。这些虚构出来的充满夸张的情节,并没有给我带来多大的情感冲击力。像理论家和右派分子这样的知识分子,他们在时代洪流的推动下所产生的挫折与收获、痛苦与欢乐相纠结的内心世界,才是更耐人寻味的。相反,墨白在《光荣院》里写一个进入消费主义时代的老军人,有人指责他的军功章是假的,卖不了几毛钱,他的精神因此坍塌,这个情节却让我怦然心动,产生了极其强烈的历史沧桑感。这就是有没有真正进入历史、有没有抓住历史本质之区别。

我觉得,《风车》中的人物形象与他们的生存环境(政治、经济、意识形态)的有机联系被切断了,这样的人物是很难呈现出历史精神的本质的。"大跃进"是个极度亢奋的年代,浮夸的理想主义在全社会蔓延,铺天盖地的宣传诗、宣传画夸大人的主观能动性,到处是战天斗地的热情、充满激情的演说和鼓动生产的歌声。切入这个时代精神的主流中,当会有精彩的发现。但在小说中我们看到的是:拆酱菜作坊几个汉子"有气无力","一听说笋面战那几个汉子的脸色都吓得灰黄,目光也变得畏缩","个个疲惫不堪暮气沉沉,脚步轻飘"。由于作者未能深入到当时的社会结构中去研究"多数人"的精神状态,过分依赖于虚构的力量,这就使得《风车》这本政治寓言体小说,与当时的历史环境之间出现严重的错位。

在面对复杂的历史时,墨白时而迷茫时而清醒。他曾说:"有时候记忆是靠不住的,有时候记忆会偏离事实的真相,太多的主观记忆把已经远去的客观世界切割得支离破碎,我们现在所看到的历史都已经经过了我们人类个体的主观意识的改造,这样的历史已经远离了客观事实。"[1]墨白生于1956年,对"大跃进"是没有"记忆"的。《风车》里生活经验的来源,主要是长辈们的转述,还有个别的历史物证,如"1958年我们村里挖的那口池塘,就在我耕种过的土地的边上,到现在还没有被填平";或许还有某些书本里的关于"大跃进"的知识。这是远远不够的。在个人生活经验匮乏的条件下,要想艺术地、

---

[1] 墨白:《梦境、幻想与记忆》,河南大学出版社,2013年,第423~424页。

整体地反映和表现某段历史,是必须借助于大量原始文献史料的阅读来弥补的,但对于自身有限的记忆和个别人的口述材料,对那些经过"主观意识的改造"的各种历史知识,都必须保持足够的警惕。而尤为关键的是,要警惕自己定型了的历史观,不要把自己的所思所想长期地固定在同一个思想逻辑中,要在不断地自我斗争、自我否定中与历史对话,这样才能慢慢地穿透历史的表层,逼近历史的本质。

第三节　小说语言与历史叙述

上文阐释作家不同的精神特质对其创作的影响。从语言角度审视小说中的历史叙述,也可以看出奥威尔与墨白两位作家在处理经验、直觉、想象、幻想与思想的关系上有着不同的工作方法,而这又对他们小说中的历史叙述产生了深刻的影响。

奥威尔是个长期战斗在思想最前沿的思想型作家,具有充分的政治经验和历史经验。他坚信文学应该是艺术、思想和政治的高度统一,并对如何"使政治写作成为一种艺术"进行了卓有成效的探索。《动物农场》成功地"混合了政治目的和艺术目的"。奥威尔把动物们写得具有人的情感、思维和性格,并借动物们游刃有余地反思历史,这无疑需要强大的想象力。有人在评价《动物农场》时说"几乎每一个细节都有政治所指",都是耐人寻味的,都具有阐释的空间。这与鲁迅的《阿Q正传》非常相似,都做到了艺术与思想的统一。

作为艺术家,奥威尔并不排斥直觉、想象和幻想,他的语言是高度具象化的,但在具象化的语言背后,一般都对应着作者对历史的思考与追问。奥威尔也喜欢运用声色光影,但都是服务于对历史的思考的。作者以细腻的笔触多次描写《英格兰的生灵》这首歌:动物们在合唱中团结起来,获得革命激情和动力,这首歌像风一样在其他农场里传播,"黑鸟在树篱中打的唿哨是这支歌,鸽子在榆树丛里咕咕地叫着也是它,它渗透进了铁匠铺的打铁声和教堂钟鸣的音调"。在拿破仑取得霸权后,这首歌因妨碍意识形态安全而被取缔,被更换为颂歌《拿破仑同志》。在残酷的"大清洗"过后,充满困惑与忧伤的动物们在小山丘上挤作一团,他们俯视着"牧草地、草料田、小树丛、饮水池、翻种后栽种不久长得又密又绿的小麦地、农场屋舍的红屋顶以及从烟囱里袅袅升起的缕缕炊烟","来自水平方向的脉脉斜晖在草地和苍翠欲滴的树篱笆上抹了一层金色",动物们开始以压抑的调子再次唱起《英格兰的生灵》。这些充满声音、色彩的感性文字,传达出丰富的历史信息,成功地实现了思辨能力与感性想象的完美融合。

但奥威尔并不滥用直觉和想象。作为思想家,他更懂得直觉、想象和幻想应当有所节制,应当行之所当行,止于所当止。在这部政治寓言体小说中,奥威尔使用了大量的政治语言,如"剥夺""造反""义务劳动""福利"等。这些词语的背后,有着作者充分的政治经验的支撑,有着作者对历史的缜密的思考。"卓越超群的演说家"吱嘎的政治宣传语言尤为精彩,携带着丰富的历史信息。他能够成功地控制动物们的生活方式和情感世界,是因为他深深地切入了动物们的生存经验;他能够以充满情感的语言,把动物们纳入到命运共同体中;他的充满诡辩性的语言,充分地利用了动物们的"理想"与"恐惧",利用了动物们记忆力和智力的缺陷;他的新旧对比忆苦思甜的语言,使动物们对严峻而艰难的现实产生认同感。但这样写也容易陷入"理障",有些学者指出奥威尔的某些语言与政治的对应性太强而流于刻板,这也是有一定的道理的。

墨白小说《风车》中的语言充满色彩感和画面感,他像自己所崇拜的画家莫奈那样,对阳光之下变幻无穷的色彩非常敏感。在推进《风车》的故事时,几乎随着场景的变化,作者都会醉心于描摹太阳、月亮、焰火、火把、马灯、铁匠棚里的炉火、灶膛里的余火等所引起的色彩的变化。这些绚丽多彩的语言,有些是写得很好的。比如,在队长以"集体财产"的名义拿到裸体女陶人后,他离开了工地,爬上高高的土堆,"他看到整个工地都被天上的红光所笼罩,这种迷离的景象使他感到茫然。他转过身看到西边的居住区被夕阳烧得一塌糊涂,分不出形体来,只有公社食堂里冒出的炊烟像一条紫红色的带子晃浮在半空",这个充满色彩感的句子,很好地写出了队长在"政治"与"欲望"之间的精神迷茫。

诗性的语言并非不能进入对历史的思考,《风车》中不乏把诗性语言与历史反思结合起来的精彩之笔。理论家依着老牛温暖的身体睡觉,"这种温暖使他想起了家,想起了舒适的大床,想起了妻子伸到他胸前的光滑的手,他的眼睛湿润了。他在这种柔情绵绵的思想中慢慢地沉入梦乡",当看到木匠的献身精神之后,理论家为刚才的小资产阶级的温情"感到内疚",觉得自己在向他们传播共产主义理论的同时,还应该加强对自身的改造。在"车轴的叽扭声"中,右派分子想起母亲"摇水的辘轳声",母亲的死使他凄伤。而这种母子亲情,经过理论家的政治阐释后,却变成了使自己成为"不孝的子孙"的理由。在右派分子遭受箩面战的酷刑时,作者也插入一段充满张力的文字:他在恍惚中看到老母亲在箩面,"母亲手里的箩不停地在两根光滑的小棍上滑动,母亲手里的箩不停地撞击着面箱,细小的面尘从箩里飞荡出来,落白了母亲的头发"。这些满含诗意的句子,不但进入了理论家和右派分子的内心世界,而且精彩地呈现出传统的伦理情感和新的革命理论的尖锐冲突,穿透了历史的表层而深入到历史的内在肌理。

但我们注意到,墨白在以诗性的语言介入历史时,并不能够贯穿始终,在某些地方显出笔力不逮的问题,这或许是因为"艺术的才能"和"思想的才能"不均衡所致。作者在处理经验、感觉、想象、幻想与思想的关系上是有所偏重的,他似乎更重视记忆、想象、幻想和虚构的力量。比如,在写到社员因冻疮而抓挠皮肤时,"有手指滑过皮肤的声音从各个角落里响起来,好像一阵秋风吹过一片成熟的豆地,豆角里的豆子和焦黄的叶子不停地撞击着,仿佛一条蛇爬过一片焦叶";理论家和队长在深夜视察工作时看到"拉锯人的身影被月光衬托得十分清晰。在他们身影的边缘似乎有一种绒绒的银光",站在斜树上的拉锯的汉子过度疲劳,"就像一个肉布袋似的掉了下来,他掉在地上时发出一种沉闷的声响","瘸子和瘦子一人抬着木匠的头一人抬着木匠的脚,木匠的身子仿佛一截木桩悬在空中,木匠的右腿仍朝前弓着,两只胳膊朝向灰白的天空伸着。瘸子不平衡的走动使木匠弓起的腿和伸向天空的手一摆一摆的"。

从上述这些不乏想象力的句子中,我们几乎找不到作家所要传达的意旨,我们总觉得作者的"思想"没有紧跟上来。由于过分迷恋具象化的语言,作者经常陷入"事障"之中,不善于从声色光影的描写中呈现出社会、历史和文化的信息。感觉性和想象力的语言的一再泛滥,使作者不断地从"讽喻"的主题中游离出来，无法把自己的笔锋集中到对历史的反思和剖析中去。由此可见，"思想"在政治性的文学写作中是极其重要的："思想"与感觉、想象、虚构等是相生相克、相互激发、相互限制的，深邃而强大的思想穿透力可以给感觉和想象开辟道路，可以成为批判性情感与想象力的源泉，而同样重要的是，它可以对感觉与想象进行筛选和控制，抑制感觉与想象的泛滥与失禁。

《风车》也使用了不少当时流行的政治语言，譬如"阶级立场""新人""右倾机会主义""脱胎换骨"等。作者在使用这些政治语言时，目的更多的是"反讽"，而非进入对历史的分析。作者有时谐摹另一个时代的语言风格，以呈现时代的荒谬性；有时采用"情境反讽"，如把理论家对女性动手动脚的场景与"阶级姐妹"的政治语言并置，把血腥残酷的场景与理论家的豪言壮语并置，使两者形成强烈的对比，从而颠覆革命话语的合法性；有时采用"亵渎反讽"，把"撒尿""吐唾沫""放屁"等与庄严的革命理论并置，从而嘲弄革命的理论。作者在使用反讽时，不是指向那个时代个别的存在，而是指向时代现实的整体。在一种急切"造反"心态的驱使下，作者抽空了革命语言所对应的社会群体的生存经验和利益诉求，政治语言的使用过分随意而缺乏严密的理路，未能从革命语言的相互关联中，深入到革命的内在逻辑及其动力机制。

当然，这也不仅仅是墨白一个人的问题。20世纪90年代以来，流行的感觉崇拜论、想象力崇拜论深刻地影响了作家的语言。在莫言等著名作家的作品中，我们都不难看到过分放任感觉与想象而催生出来的语言的狂欢现象，以及这种现象所产生的流弊。与感觉、想象力崇拜相伴而生的，是对欲望的崇拜。在《风车》的最后，作者大肆渲染"性欲"的文字，也是欲望过度膨胀的结果。如队长一个个亲吻十五个熟睡中的妇女，妇女们集体反抗拔光了队长的屌毛，队长裤裆里的那根东西坚硬如铁地耸立，于是向厨房里的女子发泄，在女子的身上劳作时走向死亡。如理论家两次想起"传宗接代"的问题，哆嗦着手解开她的衣裳，最终向自己的"阶级姐妹"发泄了自己的欲望。这些不惜篇幅不厌其详的描写，究竟想要传达什么样的历史思考呢？又传达出多少有价值的历史信息呢？也许作者是在揭示队长的"权力"与"欲望"的关系、理论家的"理论"与"欲望"的关系吧。如果是这样，那也无非是"性爱解构政治"的时髦。我觉得，如果作者能够淡化对性过程的描述，节省一些笔墨，把笔锋对准妇女解放问题，认真发掘革命与性别的关系，当会有更多的历史内涵被揭示出来，会有更多的历史反思性和批判性。

第二章 历史还原的得与失
——评苏童《河岸》的历史叙述

第一节 虚构、想象与小说的历史感

阅读《河岸》,给我留下的最深的印象是,小说的历史感比过去明显增强了。苏童过去创作的具有"新历史小说"特征的作品,如《飞越我的枫杨树故乡》《一九三四年的逃亡》《红粉》《米》《罂粟之家》《我的帝王生涯》《妻妾成群》等,大多是依靠虚构和想象进行写作的,作者无意于再现历史的真实,他"只是以历史做道具,探索人性的复杂"①。或者说,作者在上述作品中,最关心的是如何从人性和欲望的角度,来重新阐释或解构既定的历史观念,而不是如何深入到复杂的历史结构中

---

① 罗屿、苏童:《我迷恋写作的神秘性》,《新世纪周刊》2009年第14期。

去解释"具体社会历史中"的人性和欲望。

在写作《河岸》时,苏童一改过去过分依赖虚构与想象的写法,把更多的精力集中于自身历史记忆的呈现上。小说中描写的20世纪70年代的生活,都是苏童(出生于1963年)少年时代亲身经历过的。他曾说:《河岸》的灵感,来自于某日携女儿去看运河,一支驳船船队迎面而来,突然打开了他少年时代的记忆闸门,一个少年被荒诞的年代从岸上驱逐和流放到船上的故事,突然在脑海中渐渐清晰。他还说,《河岸》是他迄今为止最满意的一本小说,最满意的是"观察还是挺细致的,努力地将历史还原清楚","我觉得这部小说存在着对我写作的很多挑战。最有挑战意味的在于,在我的作品当中,尤其是长篇小说,这还是第一次非常直接地面对一个时代。时代或者说时间、年代这样的概念,在我以前很多小说中基本上是把它虚化的,有时候甚至变成一个背景,就像一个人在上面活动的舞台布景一样。但是我对那个时代本身几乎不做详细的刻画,或者说是避过,不是抱以正眼面对、拥抱的姿态。但是在这部小说当中,完全不同"。①

苏童的说法是符合作品实际的。《河岸》中所再现的历史,确实已经不再是模糊的历史背景,而是历史本身;已经不

---

① 梁海:《寻找"河"与"岸"的灵魂——苏童访谈录》,《作家》2010年第13期。

再是粗枝大叶的,而是枝繁叶茂的。为增强小说的历史感,呈现更多被遗忘的历史记忆,苏童显然用了不少心思。

首先,大量使用20世纪70年代的流行语言,来再现当时的历史氛围。在叙述历史时,只有富有历史感的语言,才能唤醒更多沉睡的历史记忆。因为语言是历史的产物,从不同时期的不同的流行语言中,最容易传递出历史的信息和历史的风貌。《河岸》中的书记赵春堂,治安小组成员王小改、五癞子、陈秃子等,经常使用"阶级异己分子""人民内部矛盾""敌我矛盾""政治责任""反革命""反标""革命群众"等政治语言;甚至连小女孩抢夺库东亮的面包时,也振振有词地用政治语言为自己辩护:"我们不是抢,是对你无产阶级专政!"这些富有历史内涵的人物语言,生动地再现了当时人的思维方式和价值观念。为了复原当时所特有的语言环境,作者还不厌其烦地一次次模拟当时的"通知""通告""告示""规定""批判稿""表扬信""标语""日记"等流行文体,并且用黑体字予以重点强调。从中不难看出,苏童在写作《河岸》时,对语言的"历史性"特征是非常敏感、非常讲究的,因此小说没有像有的历史小说那样,因为错用了一个不符合当时历史情境的当代词汇,而破坏了苦心营造出来的历史氛围。

其次,大量使用业已消失的历史场景和历史事物,来复活20世纪70年代的日常生活景观。在《河岸》中,作者花大力气营造出的每个生活场景,都具有非常鲜明的历史特征:如群众业余文艺宣传队的演出活动,东方八号工程劳动大会战轰轰烈烈的场面,节日花车游行万人空巷的盛况,排队买菜的熙熙攘攘的人流,年轻人用自行车链锁、电工刀、三棱刮刀打架的情形等等。在描写人物的肖像、行动和心理时,苏童还善于巧妙穿插具有历史感的旧事物如:街头理发摊,人民理发店;文化馆,广播室;高音喇叭,有线广播,小喇叭;糖票,油票,粮票;大前门、飞马牌香烟,光明牌肥皂,白铁皮罐头,装东西的网线袋,挂在脖子上的小黑板,煤油灯;丰收牌面粉袋制作的短裤,接了三层裤管的长裤,插了三支钢笔的中山装,草帽,解放牌球鞋,海绵拖鞋,长筒胶鞋;绷线线、滚铁圈、跳房子游戏,等等。这些密集出现的旧事物,想必都是作者从记忆的库存中一点一滴地搜寻出来的,因此能够时时唤醒我们沉睡的历史记忆,把我们引入到当时的历史氛围中。

第三,为更逼真地呈现历史氛围,作者还刻意摹写旧事物的色彩和声音如:警察的蓝色制服,绿色的军用水壶,革命烈属的红牌牌,李铁梅的铁皮红灯,红底白花的对襟夹袄,打上灰色补丁的深蓝色裤子,粉红色的"的确凉"衬衫,治安小组组长王小改的哨子声,船民们用棒槌敲打衣服的声音,等等,都散发出浓郁的怀旧情调。作者还多次描写高音喇叭,在播放批判稿、表扬信、广播体操、寻人启事和革命歌曲时,各有不同的音色、音调、节奏和旋律,高音喇叭停顿时则发出沙沙的噪音,在河上倾听远处岸上传来的喇叭声,更有一种说不出的美感和韵味。这些有意为之的"还原历史"的细节,都有助于把读者带回到历史的现场。

第二节 历史的两面:"主流"与"民间"

苏童在叙述那段去今未久的历史时,为了打开历史阐释的空间,还有意地拿河上与岸上的历史进行对比,呈现出那段历史的不同侧面。

"岸"上的油坊镇,是由政治、权力和欲望构成的主流社会。在这里,政治决定一切,它摧毁家庭伦理,扭曲人情人性。天生丽质的乔丽敏,为了个人前途而与不三不四的屠户家庭决裂。她嫁给比自己矮半头的库文轩,是因为看上了对方的血统和前途。库文轩失势后,她自己的前途和声誉也化为乌有,她的精神几近崩溃,因此她在肉体上和精神上残酷折磨库文轩,并与之决裂。夫妻爱、母子情,丝毫经不起革命政治的考验。他们的决裂,把幼小的库东亮推向尴尬的生存状态,"一堆是父亲和船,一堆是母亲和岸,我只能选一样,我必须选一样",但无论是在河上还是在岸上,他都找不到家的感觉,得不到爱的温暖。

在"岸"上,"革命身份"决定个人命运。库文轩因烈士遗孤的身份,获得各种现实利益,娶了漂亮的妻子,做了党委书记,可以随心所欲地占有女人,可以以记账的方式假公济私。失去烈士遗孤身份后,他就什么也不是了,妻子、尊严和权势都离他而去,他被放逐到河船上。为了不再辜负烈士的英名,他忍痛自我阉割;为证明烈士遗孤的身份,他坚持在河上祭奠先烈;在平反无望时,他最终抱着烈士纪念碑沉入河底。江慧仙因成功扮演李铁梅,而获得象征性的革命身份,成为政府大楼里的一员。但她因此而失去自我,她不再是江慧仙,而是"李铁梅",只有当她是李铁梅时,她才能得到政治的认可。她害怕失去象征性的革命身份,夜里经常做噩梦,梦见有人拿着剪刀要剪她的辫子。为了前途,她不得不收敛自己的野性,委屈自己讨好领导。但在船上我行我素惯了的她,还是很难适应岸上有组织、有纪律的生活,她和同事间的矛盾不断激化。因为拒绝柳部长的儿子小柳的调戏,她失去了政治的"靠山";为了找回她自己,她剪掉了自己的辫子,因此被下放到理发店——她不是李铁梅了,那么她就什么也不是了。

在"岸"上,政治话语无处不在:高音喇叭里,时时飘荡出权威的革命的声音;墙上、黑板上、公告栏里的政治标语,处处传递着意识形态的信息;流传于口耳之间的"内幕消息",具有更强大的政治威慑力。政治话语不仅布满了公共空间,而且还渗透到最私密的个人生活领地:卧室本是私密场所,在当时却变成了公审大会的现场。乔丽敏仿照工作组的模式,把卧室临时开辟成隔离室,并用流行的政治语言审查丈夫的生活作风问题,"有一次我清楚地听见母亲高亢愤怒的声音传到了窗外,余音袅袅,飘荡在夜空中,库文轩,坦白从宽,抗拒从严!"①政治话语还"沿着一个渐进的细微渠道流通,它抵达了个人本身,抵达了他们的身体、他们的姿态、他们的全部日常生活行为"②。穿衣打扮本是个人的事情,但慧仙的衣着打扮,却要受到赵书记等人的管制和监督。她必须穿李铁梅的衣服;她不能戴乳罩,因为"那是一个堕落的证据","散发着令人担忧的性的气息";她甚至无权处置自己的辫子,因为她的辫子也被赋予了革命的意义,那已经不再是自己的辫子,而是"李铁梅"的辫子,是自己无权支配的公共财产。屁股本是个人躯体的一部分,在这里却成为鉴定烈士遗孤的政治标准:为证明烈士遗孤的身份,库文轩在隔离审查期间精神紊乱,动不动就褪裤子,让工作组检查上面的鱼形胎记;库东亮则束紧皮带,严防别人偷袭自己的屁股;为争夺烈士遗孤身份,傻子扁金则到处展览自己的屁股,让人参观上面的鱼形胎记。

---

① 苏童:《河岸》,《收获》2009年第2期,第126页。
② 汪民安、陈永国主编:《福柯的面孔》,文化艺术出版社,2001年,第171页。

生活在"河"里的那些人,则展示了20世纪70年代生活的另一面。他们都是因为各种政治问题而被放逐到船上的,他们因此而远离"文革"时期的主流政治,更多地显示出民间粗野而自由的生活状态。他们脏话连篇,袒胸露背,衣着随便,对岸上人们不轻易谈论的性爱,他们毫不忌讳。尽管岸上的人指责他们"政治觉悟低""没修养""没规矩""不文明",但他们个个都是古道热肠,不失人性的温暖和善良。他们到处奔波,为被遗弃的慧仙寻找母亲。在准备把慧仙送给岸上的政府时,孙喜明的女人依依不舍,"用衣襟蒙着脸呜呜地哭起来","船民们纷纷往她的口袋里塞东西,塞一只鸡蛋,塞一块手绢,或者塞一把瓜子,这是表示他们的一点心意。孙喜明的女人给慧仙头上戴了朵红花,胸口也别了一朵,德盛女人给慧仙面颊上涂了红红的胭脂,嘴唇上抹了口红,看上去她们不是送她去岸上,像是送她去参加一场盛大的演出"。① 当干部们以"东风八号"的政治任务为由,拒绝与船民就孤儿抚养问题对话时,他们站在"人"的立场上提出抗议,"你们那么多干部在下面,就不能上来一个把孩子安顿了?难道一个孩子还不如一铲土重要?"干部们的回答则毫无人情味:"一切都要给东风八号让路,一铲革命的土方,就是比一个孩子重要!"②送还

---

① 苏童:《河岸》,《收获》2009年第2期,第148页。
② 苏童:《河岸》,《收获》2009年第2期,第154页。

弃儿的行动失败后,船民们因此赌气精心抚养慧仙十多年。为了争夺慧仙的抚养权,樱桃的母亲和孙喜明的女人还撕破脸皮,相互谩骂,最后不得不以抓阄的方式决定慧仙的归宿。

在岸上,传统的家庭伦理被革命政治摧毁了。但"河"里的人,仍然在坚持着传统的家庭伦理观念。乔丽敏和库氏父子决裂后,船上的女人们都觉得有责任帮衬他们父子,她们一致谴责乔丽敏太狠毒,"船上没女人,这日子怎么过呢?女人们怀揣着妇道和热心肠来到七号船,送两碗面条,送一壶开水"①。她们都是传统血缘伦理的捍卫者,孙喜明女人谴责慧仙母亲的弃婴行为,认为这是为天地所不容的,为此她把所有的关爱都给了慧仙,甚至冷落了亲生儿女。没有争到慧仙抚养权的德盛女人也是如此,有位卖玉米的农妇找上船,"她把箩筐抖了抖,抖出一个女婴的脑袋,对德盛夫妇说,听说你们家要一个女孩子没要到?我这儿有,我不稀罕女孩儿,三十块钱你拿去。……德盛的女人蒙着脸不敢看那女婴,嘴里骂着那女人,天底下哪有你这种狠心的女人,你不配做母亲呀,卖个玉米你跟我们讨价还价,卖自己的骨肉,你倒是那么痛快!"②在库氏父子的几次冲突中,船民都是热心的调解人。他们也是以传统的严父孝子观念,来化解父子之间的政治冲

---

① 苏童:《河岸》,《收获》2009年第2期,第129页。
② 苏童:《河岸》,《收获》2009年第2期,第158页。

突的:库文轩对儿子的教育,实际上是一种政治的管制,库东亮在岸上闯祸后,他要用绳子捆绑儿子以正家法,理由是库东亮在政治上不进步反而退步了。德盛女人则劝说库文轩:东亮是个孝顺的孩子,"什么进步退步,船上用不了这些的。不就是过日子嘛,日子太平就好"①。

从上述两相对比的描写中,不难发现苏童在"复原历史"的道路上所做出的努力,也不难发现他试图从多角度透视历史的写作意图。对于一个习惯于从抽象的人性观念虚构和演绎历史的作家来说,这种新的尝试无疑是值得肯定的。

第三节 历史还是一团迷雾

尽管我们不否定《河岸》在"还原历史"上所做出的努力,但坦白地说,在阅读了太多的"历史是一团迷雾"的所谓的新历史小说后,感觉《河岸》中还存在某些历史叙述,并未给我们的阅读带来多少新鲜感,并未拓展和深化我们对那段历史的想象和认知。因为小说所叙述的历史内容,以及所采用的叙述方式,我们在过去的作品中,已经不止一次地领略过了,看多了也就没有什么新鲜感了。

---

① 苏童:《河岸》,《收获》2009年第2期,第193页。

首先,20世纪90年代以来,为了消解宏大的政治历史叙事,批评界曾反复倡导书写个人历史记忆和生活经验,以为这样就可以给历史小说创作带来生机和活力。但我们很少考虑到,个人的记忆和经验只是个人的记忆和经验而已,任何个人的历史记忆(经验)都是有限的,仅靠个人的历史记忆和生活经验,是很难深广地反映出一个业已消失的时代的。有时候,个人记忆和经验还可能会局限作家的视野。如果不能超越个人历史记忆的有限性,如果不能与当时的政治、经济、文化、社会心理等紧密结合起来,去拓展、丰富和升华个人的历史记忆,那么作品中的个人历史记忆就极可能流于细小、琐碎甚至卑琐,达不到深入描述和剖析历史的目的。片面强调书写个人琐碎历史记忆的理论,已经催生出太多失败的作品。《河岸》也不例外,比如,作者反复渲染库东亮青春期的苦闷与躁动、性的焦虑和生殖器的勃起,絮絮叨叨,琐碎冗长,占用了很多篇幅。这显示出作者尚未完全摆脱过分迷恋自我的倾向,也显示出作者个人历史记忆和生活经验的匮乏,更显示出作者对自身以外的更具有历史意义的生活事件还是缺乏足够的热情。当然,也不能说这类描写毫无历史意义,或者对塑造人物形象毫无帮助。但相似的内容在同一部作品中反复出现,却未能开掘出更多的历史内涵,那就有点得不偿失了。说来说去,絮絮叨叨,所讲述的还都是那么点事。

其次,作品虽然以第一人称叙事,复活了大量的历史语言、历史场景和历史事物,但由于作者整合这些历史记忆的手段,或者说作者叙述和评价历史的方式,与过去相比并无多大的突破,因此作品对那段历史的叙述,还是给人似曾相识的感觉。《河岸》所讲述的"革命破坏家庭伦理""革命压抑和扭曲人性"的故事,在20世纪80年代初期的涉及革命历史的小说中,以及在20世纪80年代中后期与20世纪90年代初期的新历史小说中,都已经被反复讲述过了。刘心武的《班主任》、宗璞的《三生石》、戴厚英的《人啊,人!》等作品,在传达上述历史观念时,尽管存在着模式化的倾向,但他们从自身被深度卷入的历史中提炼出的历史细节,与苏童从少年时代的模糊记忆中打捞出来的历史细节相比,要鲜活生动得多,他们对那段历史的切肤之痛,也是年少的苏童无缘体会到的。如果说《河岸》还多少有些创新的话,那就是小说中大肆渲染了政治对"性"的压抑,以及"性"对健康的人性的挤压,这在20世纪80年代初期的小说中是不可能出现的。但这类描写在今天已经不新鲜了,因为在20世纪90年代以后的作品中,以及在苏童本人的作品中,相似的主题已经被反反复复地渲染过了。

第三,作者在整合历史记忆时,尚未完全摆脱新历史观的影响,在整体上还在进行着过去先锋历史叙事的想象:邓少香是如何走上革命道路的?她参加革命的动机是卑劣的还是崇高的？其娘家和婆家的说法截然不同。库文轩的身世更是布满疑云：封老四在七个婴儿中，指认屁股上有鱼形胎记的库文轩为烈士遗孤，这是极不可靠的，因为许多油坊镇居民都有鱼形胎记，傻子扁金正是以此与库文轩争夺烈士遗孤身份的。烈士遗孤鉴定小组根据与封老四有仇的堂弟的片面之词，得出封老四是河匪的结论，并根据这个不可靠的结论，臆测出封老四让自己的儿子库文轩冒充烈士遗孤；为阻止库文轩的反复申诉，赵春美则散布"内幕消息"，说库文轩是河匪丘老大与妓女烂菜花之子；为阻止父亲自杀，库东亮上岸索要烈属证，又听说烈士遗孤另有人选，蒋老师才是真命天子。在库东亮与傻子扁金为争夺烈士纪念碑打得死去活来时，研究党史的大学生对他们宣布了自己的最新研究成果：邓少香婚后根本没有生育，箩筐里的婴孩是向别人借来做掩护的……仔细阅读上述充满匠气的文字，不难发现这还是过去的那个苏童在讲故事，重重谜团其实并没有传达出多少真实的历史生活经验，也无助于深化对历史的认知与反思。作者想要告诉读者的，无非还是自己的那一套"历史是个谜""历史的真相不可抵达"的历史观念，以及个人无法与命运抗争的生存哲学而已。

20世纪90年代以来，长篇历史小说创作出现文体意识强化的趋势，从文体发展的角度讲，这是值得肯定的，但与之相伴的史诗意识的淡化趋势，以及形式探索的热情压制历史追问的倾向,则是需要我们高度警惕的。我觉得,成功的历史小说,应该尽可能地以文学的方式,更深更广地介入到历史中去,挖掘出更多的历史内涵,复活更多的历史记忆,为当下的生活提供更多可资借鉴的精神资源。而能否达到这一点,除了最基本的文学素养外,还取决于作者是否具有海纳百川的胸怀、自由的心灵和探究历史的强烈欲望。由是观之,苏童的《河岸》虽然在"复原历史"的道路上迈出了可喜的一步,但他能否进一步超越自己固有的生活经验和写作经验,能否进一步摆脱既有的历史叙述成规的影响,能否以更为开阔而自由的心态去面对历史,这对他仍然是个严峻的挑战。

第三章 《暗算》：茅盾文学奖的突破还是悲哀？

在第七届茅盾文学奖的四部获奖的作品中，《暗算》所引起的争议最大：支持者认为，《暗算》获奖是文坛开放的标志，它打破了茅盾文学奖的固有风貌，开辟了评奖的新思路和新方向，使评奖原则更多元化；质疑者则认为，《暗算》获奖是茅盾文学奖的悲哀，是对茅盾文学奖的讽刺，因为它只是一部没有多少思想性和艺术性的通俗小说。两种截然不同的评价，使我对作品的阅读变得格外谨慎，生怕被某种先入的成见或偏激的情绪控制。在整个阅读过程中，我一方面尽力寻找作品的优点，同时也不放过其缺点，想看看它究竟好到什么程度，或坏到什么程度，并试图在此基础上得出我对《暗算》的基本判断。

第一节　究竟有多少思想性

面对通俗小说是否有资格获奖的质疑,有的研究者不赞同把《暗算》视为一般的通俗小说。陈晓明先生认为:麦家是"学习西方作家博尔赫斯最到位的中国作家,把大众阅读趣味与形而上学写作方式结合得最好的一位作家";贺绍俊先生则说:"麦家只是借用了侦探小说或悬疑小说的外壳,其内在结构仍是以独立的精英思想为骨骼的。"两位都是我非常敬重的批评家,但这些评价与我阅读作品的感受是存在着较大的差异的,我更愿意把他们的评价视为对麦家的鼓励,或者更多的是期待,因为这几年优秀的长篇小说实在太少了。

我不否认《暗算》是一部成功的通俗小说。但我想进一步追问的是,它究竟有多少形而上学的内涵,有多少独立的精英思想。要回答这个问题,必须搞清楚茅盾文学奖是授予小说初版本的,还是获奖后的修订本,还是电视剧小说的。虽然三者都没有达到思想厚重的水平,但还是存在显著区别的。小说初版本的思想性极其贫乏,作品传达给我们的除了一些破译方面的专业知识外,就是天才的辉煌与毁灭的故事。在作者的笔下,天才具有神奇的功能,他们与日常生活格格不入,而且大多死于日常生活的残酷性与偶然性:阿炳触电自杀,是因为发现妻子有外遇,生下了一个"野种";黄依依之死,是因为情人张国庆的老婆恶作剧式的报复;陈二湖是在破译了"彻底废弃的"密码后,兴奋过度而心脏病突发离开人世的;鸽子(林英)在临产前喊出了丈夫的名字,无意中暴露了自己的真实身份而被杀害。在关于这些故事的叙述中,真的能够找到所谓的"形而上"的内涵和"独立的精英思想"吗?我对此是有所怀疑的。

"解密"职业对人性的扭曲,是作者刻意表现的主题,但小说初版本对这一主题的揭示,离我们普通读者的期望值还是相差太远。作者浓墨重彩渲染的,是阿炳、黄依依、陈二湖和鸽子(林英)的奇异天才,是他们如何游刃有余地进行解密工作。职业扭曲人性的主题,只是蜻蜓点水般偶有涉及,而且大多数还是通过事例抽象地说明,而不是通过人物内心的痛苦、悸动、扭曲与畸变来进行深度呈现。从这些描述来看,作者所能想象到的人性的秘密和人性的深度,其实并不比我们一般人多。唯一让人感到意外和惊喜的,是陈二湖的故事。作者通过陈二湖在"红墙"内外两种截然不同的精神状态,淋漓尽致地展示出特殊职业对人性的戕害,给人一种沉甸甸、血淋淋的感觉。这说明,作者并不缺乏写作"优秀"小说的潜力,遗憾的是这种潜能在《暗算》中没有充分发挥出来。也许作者也意识到这一点,他在修订本中有意增添了不少情节来强化主题,如:黄依依知道了"小雨"的秘密,而失去了重新选择生活的自由;掌握着许多重要秘密的江南,因破译密码而精神分裂,却不能外出治疗、与家人团聚等。

应该说,黄依依与安在天的爱情,给读者留下了深刻的印象。假如没有这一点,反对《暗算》获奖的声音也许会更大。在初版本中,这个爱情故事还是非常粗糙的:故事讲述人钱院长(修订本中变成了安院长,即安在天)只是一个尽职尽责的行政干部,他基本上没有介入感情纠葛。黄依依也不是一个有血有肉的女性,而只是一个高度欲望化的符号,一个可以和任何人上床的花痴。她在火车上向钱院长吐露"爱情"后,就没了下文。她与王主任、张国庆的暧昧关系,也没有任何心理逻辑,完全是荷尔蒙分泌过剩的产物。在接触了太多太多的流行的欲望化的故事之后,我们并未能从《暗算》中获得多少具有创新性和先锋性的阅读体验。

尽管研究者们习惯于反对小说的影视化,认为小说影视化必定会挫伤小说的先锋性和探索性,但如果忠实于自己的阅读体验的话,我们便不能不承认,在电视剧小说和小说修订本中,黄依依和安在天的形象丰满了,他们的爱情具有了丰富而微妙的人性内涵,小说的主题也得到了深入开掘。在二者的爱情纠葛中,我们看到个人与国家、自由与纪律、欲望与理性的尖锐冲突和对话。在当时的历史环境中,黄依依是一个反潮流的另类,她所进行的是一场注定打不赢的战争:她拒绝国家对个人生活道路的安排,不愿到701从事破译工作;在不得不服从了组织的安排后,她坚持自己不是被国家机器带走的,而是被一个她喜欢的男人带走的。当发现自己火辣辣的爱情和赤裸裸的欲望,根本无法撼动安在天所坚持的国家、纪律、事业和家庭的底线时,她开始以自我堕落的方式进行报复性的反抗,她顺遂自己内心的欲望与王主任发生暧昧关系;在受到安院长所代表的"组织"的干预和破坏之后,她想离开701去选择新的生活,但因为知道了不应该知道的秘密而失去了选择的自由。她所代表的个性和自由的精神被彻底摧毁了,后来她与张国庆结婚了,却难逃死于日常生活的宿命。尽管阅读者未必完全认同这种从"人性"出发的文学叙事,但也不得不承认修改后的黄依依的形象确实具有了人性的深度,蕴含着较丰厚的文化内涵,可惜其他人物形象都未能达到这个高度。

第二节 究竟有多少历史内涵

茅盾文学奖向来青睐长篇历史小说,在前六届获奖作品中,历史小说所占比重超过五分之三,不少读者对获奖小说也有着"史诗"性的期待,因此,《暗算》对历史的叙述也成为争议的焦点:有人指责作者胡编乱造,缺乏最起码的历史感;而有人则肯定它"阐述的是历史,它绝不仅仅是'秘密'展现的本身,是有对历史的反思的,这部作品是有深度的,也是独特的"。

如果与往届获奖的历史小说(姚雪垠的《李自成》、凌力的《少年天子》、刘斯奋的《白门柳》、徐兴业的《金瓯缺》)相比,《暗算》的历史感是非常薄弱的:小说写的是与世隔绝的隐秘角落里的人和事,这和大众的生活没有多少联系,是很难写出丰富的历史内涵和社会内涵的。作者很明显也意识到这一点,因此在修订本中试图弥补这一缺陷,比如,在黄依依的故事里面增添了中苏关系恶化、三年自然灾害、中印与海峡两岸关系紧张等细节或场面。尽管如此,修改后的小说中的历史氛围还是非常薄弱的。比如,阿炳在陆家堰村的奇闻轶事,按时间推算,应该发生于新中国成立初期,但我们丝毫感觉不到这个时期的时代气氛,这些故事完全可能发生在 20 世纪 90 年代或者 21 世纪。更让一些读者难以接受的是,作品中还存在一些违反历史真实的细节,如:20 世纪五六十年代,中国留苏学生能获副博士学位就很不错了,小说中却出现了留苏博士;那个时代的革命领导干部,被作者赋予了"行政主管"的职务;为实施情报欺诈,越南军官的尸体上被放了"一张银行催款单",表明其生活奢侈(在 20 世纪 60 年代末北越社会主义经济体制中,国家银行根本不可能给个人生活放贷,更不可能出现催款单的事情)。

或许有人会说读者们的上述批评是吹毛求疵,是以史料学的眼光苛求文艺作品,但这不恰恰暴露出作者历史意识的严重匮乏吗？我们没有权利要求作家成为训练有素的历史学家,但我们有权利要求他以文学的方式更好地表现和反思历史,有权利要求历史小说中描写的历史更像历史,要求历史小说描写出特定时代的文化心理、历史气氛和社会环境；即使退到最低标准,我们也还是有权利要求作品中的人物形象与人物的语言符合具体的历史语境的。

读过作品后不难发现,《暗算》中的人物形象大多是缺乏历史感的,大多是一些类型化的人物形象,是各种性格元素的抽象组合：阿炳一半是傻子一半是天才,黄依依是"魔鬼附身的天使",鸽子(林英)也是放纵与压抑、高雅与风流、庄重与妖艳等几种不同性格因素的组合。在这里,我不想和作者探讨天才的心理结构问题,我想说的是,由于作者沉醉于各种性格元素排列组合的游戏中,无暇顾及人物与社会历史之间的内在关联,因此未能写出天才性格产生的历史依据。比如,黄依依出生于半殖民地半封建社会,曾留学美国,回国后又到莫斯科待过半年,其成长经历跨越几种不同的意识形态；鸽子(林英)出身于豪富家庭,也曾留学美国,回国后参加革命活动。这样复杂的人生经历,对她们性格的影响应该是极其深刻的,但我们在其性格中几乎看不到历史的车轮碾出的斑驳的印痕,或者说作者很少关注具体人物性格与社会历史的关联。

与人物形象缺乏历史内涵相对应的,是人物的语言缺乏历史内涵。我觉得,在历史小说中,作者的叙述语言可以适当地使用当代流行的语言,而人物的语言则必须符合其历史语境。在阅读某些历史小说时,身穿古装的人满口"哇""帅呆了"的闹剧,时常会给读者带来不好的阅读体验,这在很大程度上是因为作者的语言缺乏历史性。好在《暗算》的故事去今未远,在语言上还没有形成那么大的反差。但我还是想指出来:作者似乎很满足于用当代的语言去讲述过去的故事,而对于超出当今语境的(特别是在当时历史上广泛存在的)语言却毫无兴趣。在《暗算》中,我们很难感觉到栖身于语言之中的各种社会和历史的声音。读读同是编剧出身的高满堂的《北风那个吹》,我们便会明白:对历史的叙述是离不开历史中的语言的,只有历史中的语言才能唤醒我们沉睡已久的更多的历史记忆。

作品历史感匮乏,首先与作者的文学观有关。在真实与虚构之间,他更为重视虚构和想象,他反复强调:"小说是真实的谎言,是文字魔术","小说都是假的,关键是要让人信以为真"①,"小说家就应该有虚构的权利,你完全可以瞎编"②。在《风声》的开篇,作者交代《暗算》全是自己足不出户,"胡思乱想出来的",是"凭着一点点契机凭空编造出来的,没有什么资料,不做任何采访"。持这样文学观念的作家如何能够进入历史并反思历史呢?他对历史的叙述又如何能不遭到读者的质疑呢?作者明白"事事皆实,则失于平庸,而无以动一时之听",这很好,但同时也需要警惕"苟事事皆虚,则过于诞妄,而无以服考古之心"。

第二,与作者的历史观有关。麦家曾说:"所谓历史就是一些不同的讲述,我们永远无法抵达它的真相。"这种历史观在20世纪90年代以来被大量的复制,已经被人谈得足够腻味了,连对历史的发展毫无感觉的人,也会侃侃而谈什么客观的历史是不存在的,任何历史都是叙述和想象性的建构。面对沉甸甸的历史,这可以说是一种最为懒惰的逃避的方式。退一步说,我们姑且承认这种历史观,但同时也需承认,一种关于历史的叙述是否具有生命力,关键还是取决于它能否更深更广地介入到历史中去,是否能够找到历史发展的方向、规律及其动因,我们不能因为历史的真相难以抵达,就放弃对历史真相的探索。读过麦家作品的人不难发现,他并没有多少

---

① 麦家:《人生中途》,浙江文艺出版社,2009年,第233页。
② 麦家:《人生中途》,浙江文艺出版社,2009年,第205页。

深入了解历史的欲望,他感兴趣的只是到历史中去猎奇,他关心的不是如何传达更多有价值的历史信息和人类的生存经验,呈现更多鲜活的历史记忆,而是如何虚构能够吸引人的离奇的故事。

我不知道,当前文学界普遍存在的离开历史去想象和虚构历史的倾向,是不是值得提倡和鼓励,算不算得上是对历史的反思,会不会助长作家不读史的空疏风气,是不是背离了茅盾文学奖素来重视长篇历史小说的传统。以往获奖的历史小说,尽管存在这样那样的缺陷,但其鼓励作家尊重历史,以审美的方式表现历史的舆论导向,还是值得肯定的。这样说,并不意味着要把文学引向考证史料之路,也不是要剥夺麦家虚构和想象的权利,只是希望他在虚构与想象的同时,能多一点历史意识,多一点历史学家所必不可少的素养。获得茅盾文学奖的麦家先生还需要听听茅盾先生的忠告:"作家必须在充分掌握史料(前人记载和民间传说的历史生活)、甄别史料、分析史料之后进行概括——到此为止,作家是以历史家身份做科学的历史研究工作,他要严格探索得历史真实;此后,他又必须转变其历史家的身份为艺术家。在自己所探索得的历史真实的基础上进行艺术构思,并且要设身处地,跑进古人的生活中来进行艺术构思……"①不进行这些艰苦的、烦琐细致的工作,是很难真正进入历史的,更不用说反思历史的问题了。

第三节　在叙事上究竟有多少创新

《暗算》在叙事方法上的探索,是其获奖的一个重要原因。谢有顺先生认为:麦家是一位"在小说叙事上训练有素的作家。对于这样一个前程远大的作家,当然值得表彰"②。雷达先生认为:"麦家的成功,首先有赖于他的超强的叙事能力和推理能力,经营致密结构的能力……"③王鸣剑先生认为:"在故事和情节方面,麦家沿袭了通俗小说的套路,而在语言和结构上走的又是纯文学的路子。"④与此同时,我们也听到一些反对的声音,说《暗算》的叙事方法毫无可取之处,充其量只能在《故事会》或者《中华传奇》上发表。

平心而论,为了改善作者与读者的关系,麦家在叙事方式上显然下过一番苦功。作者以"我"作为寻找故事秘密的人("采访者")贯穿全篇,在"我"的多方奔走和努力下,安院长、

---

① 茅盾:《关于历史和历史剧》,《文学评论》1961年第6期。
② 谢有顺:《纯粹写作是每个作家应关心的问题》,http://book.sina.com.cn/news/c/2008-10-28/0026246265.shtml。
③ 雷达:《麦家的意义与相关问题》,《南方文坛》2008年第3期。
④ 王鸣剑:《隐秘世界的无常人生》,《当代文坛》2007年第4期。

钱院长、施国光、陈思思、韦夫的灵魂、金深水等历史事件的"亲历者"和"见证人",分别以自白、日记、书信等方式讲出了阿炳、黄依依、陈二湖、韦夫和鸽子(林英)的故事。这种"纪实体"的叙事方式,有效拉近了读者和小说的距离。为了调动读者探究秘密的欲望,使他们和作者一起探索故事的秘密,作者还多次直白地告诉读者:这些故事来之不易,都是经过许多周折才得到的。安院长敢于在解密日之前讲出阿炳的故事,是因为他担心自己某天会突然死亡;钱院长离休后与世隔绝,"我"好不容易才找到了他,但要请他开口绝非易事,"我"以巨大的耐心和诚恳战胜了他的固执,经过签字画押,他才讲出了黄依依的故事;"我"在解密日邂逅施国光,在他领取的解密件中,发现了与陈二湖相关的书信和日记,才能勾画出陈二湖模糊的影子;我和金深水差点失之交臂,幸亏后来峰回路转,才听到了鸽子(林英)的故事。为了满足读者好奇的天性,作者还有意在"解密"与"保密"之间保持一定的张力,在某些关键性问题上躲躲闪闪、吞吞吐吐,给读者留下继续探索和想象的空间。所有这些,都是《暗算》能够成为畅销书,能够被改编为电视剧并成功地进入文化消费市场的重要原因。

尽管如此,我还是不得不遗憾地说,《暗算》的叙事学探索,并没有给中国当代文坛提供新的东西;即便与20世纪80年代中后期叙事学热潮中产生的作品相比,也还存在着不小的距离。王纪人先生曾说:麦家的《解密》中有6个视角,是他看到的小说中视角最多的,这样构思小说,不是疯子就是天才。如果从《暗算》来看,我们可以肯定的是,作者在叙事学的探索中还没有达到天才的境地,在叙事学的道路上他还有很长的路要走。《暗算》虽精心选择了不同的视角人物,但他最感兴趣的是视角人物讲故事("解密")的功能,而相对忽视了视角人物还应该是"独特的语言视角和观念视角的载体,是对世界对事件一种独特观点的载体,是独特的评价和意向的载体"①。视角人物在讲故事的同时,还应承担塑造人物形象、传达主题意蕴、营造审美氛围等功能。

唯其如此,有经验的艺术家常常会选择性格、价值观念与生活经验截然不同的视角人物,以便从不同的角度呈现主题,塑造人物形象,营造艺术风格。《暗算》中的视角人物并不是相互对立的,而是相互一致的。(后来写作《风声》时,麦家开始不同视角人物的相互配合,从不同的视角讲述同一历史事件)他们在讲故事时,采用的是同一种话语而缺少应有的对话性,这就使得小说的主题意蕴是单一、肤浅的,而不是丰富、深刻的;艺术风格是单调的而非多元、繁复的;人物形象是组合的、类型化的,而不是真正立体的、有血有肉的。阿炳和黄依

---

① [苏]巴赫金:《小说理论》,河北教育出版社,1998年,第96页。

依的故事的讲述者安院长和钱院长,身份都是701的行政领导,他们深谙破译界的专业知识,懂得天才并且喜爱天才,但他们所讲述的故事基本上是雷同的,讲的都是天才的神奇功能、对天才伟绩的折服、对天才毁灭的愤怒与悲哀。在讲韦夫的故事时,作者特意声明:"步人后尘地讲一个老套的故事,意义实在不大。就是说,我想寻求一种新和奇的方式来讲述这个故事,现在我决定借韦夫的灵魂来讲故事正是这种寻求的结果。"这个声明使我们对这个故事寄予厚望,但读完后却是更严重的失望:韦夫的灵魂所诉说的,仍然只是个借死尸传递情报的离奇故事,并没有多少关于生与死、人生与命运的感悟。这提醒我们,如果不重视实质性内容的开掘,只在叙事方法上刻意求新,弄不好就会成为故弄玄虚。当然,作者的叙事探索也不是毫无可取之处的。前面说过,陈二湖形象写出了人性的深度,这在很大程度上得益于陈思思这个视角人物的选取。陈思思不是"秘密故事"中的人,她不是以"特殊职业"的眼光而是以平常人的眼光来审视父亲的,她以平常人的价值观念,揭示退休后的父亲陈二湖在家庭和日常生活中尴尬的存在方式,这多少使得小说具有了对话性,是有利于主题的开掘和人物形象的塑造的。

在我看来,《暗算》虽然获得了茅盾文学奖的桂冠,但它能否摆脱昙花一现的命运,能否成功地从"畅销书"变为"长销书",还有待时间的考验,时间才是最公正无误的批评家。对这个问题我并不乐观,因为"畅销书"只要最大限度地满足读者猎奇、情欲、揭秘和游戏的天性就可以了,而"长销书"则不然,它必须充分地介入历史和当代生活,才能够持久地拨动大众记忆的琴弦。

第四章　多维空间中的人性探索
——评周大新长篇小说《第二十幕》

第一节　"人性"与"社会"

为紧紧捆缚在政治战车上的文学松绑,寻找与重建文学的独立性与审美品格,是20世纪80年代文学创作与研究的一项重要使命。在完成这一历史使命的过程中,我们时不时地会听到这样一种忧虑的声音:文学是否会从强化政治的极端,滑向冷淡甚至漠视政治经济学的极端,文学会不会因此而走向圈子化和边缘化,失去读者群体的支持。面对20世纪90年代以来越演越烈的私人化、躯体化乃至下半身写作的潮流,这种忧虑的声音变得日渐强大起来,学人们开始思考文学重返公共空间(当然包括政治经济生活)的可能,这时候,具有史诗品格的长篇小说《第二十幕》的出现,应该是当代文学创作又一个令人欣喜和鼓舞的重要收获。

新文学运动以来所有的创作经验和教训告诉我们,文学是人学,文学所要表现的对象是人生和人性的常态,兼及其变化,但这个"人性"不是抽象的,而是具有社会性和历史性的,如果把人性从政治、经济、文化层面中剥离出来,进行孤立的封闭的分析和描述,势必会导致文学与社会历史的脱节,使文学失去反思社会历史的功能。优秀的文学家并不排斥对人的自然属性的关注,但他更应该做的,恰恰是深入到由政治经济文化所构成的动态的社会结构中,进行人性的思索和追问;他应尽可能地把社会剖析和心理分析结合起来,写出社会变迁所引发的人性的善恶爱恨情仇相交织的复杂样态;他要描绘的,既是社会发展史的某个片断,同时又是民族心灵的变迁史的某个环节。

周大新二十多年的文学创作,正是沿着这条路子进行着充满艰难和痛苦的探索。除却极少数作品(譬如《银饰》),是单纬度地向生命个体的潜意识层面突进外,他的大多数作品都可显示出作者在复杂的社会历史变迁中把握人性问题的努力:《登基前夜》《向上的台阶》《蝴蝶镇纪事》从人性的角度对近代以来不正常的权力机制进行反思,揭示权力机制和根深蒂固的官本位思想对美好人性的扭曲和异化。《武家祠堂》《新市民》《伏牛》《家族》《牺牲》《老辄》等作品对人性的追问,更多的与当代的经济变革扭结在一起,在传统道义准则和伴随市场经济所产生的新的价值观念的冲突中,我们可以感受到作者在人性问题上的焦虑和困惑,从作者对传统与现代的双重依恋与双向批判中,我们可以领略到,他试图在传统的创造性转化中重建对美好人性的期盼。而《紫雾》《金色的麦田》《走出盆地》《铁锅》等作品,则在把人性善恶的思考向历史领域推进的同时,开始从政治经济文化的多维空间审视人的精神状态。

《第二十幕》洋洋洒洒近百万言,可以说是周大新长期思想和艺术探索的总结,周大新为之耗费了近十年的心血。周大新曾说,他期望在这部作品中搭设起一座座人性的花园,呈现出一个个灵魂的标本。当然,这一浩大的工程,绝非流行的向壁虚构,而是深深地扎根在二十世纪中国的现实土壤里,在政治经济文化乃至宗教等多维空间的相互激荡中,进行人性的拷问,以文学的形式,直接面对并深刻反思中国近现代化转型的苦难历程。

小说对人性的审视,是在三条线索时而齐头并进时而又相互交织的叙事结构中展开的。小说的主线,呈现了二十世纪中国生产力的逐步发展史,写尚家五代人(尚安业、尚达志、尚立世、尚昌盛、尚旺旺)为实现丝织业称霸全球的家族梦想,忍辱负重历经坎坷屡败屡战的奋斗历程。第二条线索构成了百年政治权力的反复更迭史,写晋金存、栗温保、蔡(晋)承银、蔡(尚)承达、尚穹等人在政治舞台和权力场上的角逐争斗。线索之三是以卓远为代表的追求思想自由的知识分子,勇于而又无力承担历史责任的悲壮的抗争史和命运史。小说通过以上三类人的尖锐冲突,以及这种尖锐冲突给云纬、栗丽、草绒、绫绫、宁贞等众多善良的女性所带来的精神磨难,完成了社会历史分析和国民精神分析的双重使命,达到了审美性和历史反思的统一。

第二节 人性探索的经济纬度

市场经济逐步取代自然经济,使人们的道德观念和生活方式发生了深刻的嬗变,这种嬗变对置身于其中的一个个生命个体来说,应该是一次痛苦的人性裂变,而对文学创作来说,应该是一方蕴含丰厚的沃土。20世纪80年代曾出现王润滋的《鲁班的子孙》、金河的《不仅仅是留恋》、王洲贵的《水与火的交融》、李杭育的《沙灶遗风》、戴绍康的《在故乡的密林中》、吴雪恼的《主人》等大量中短篇小说,都是紧贴着经济的变革而展示人性变化的,并因此而引发激烈的争议。周大新也是个有"经济学"眼光的作家,他的《武家祠堂》《香魂女》《新市民》《老辄》《怪火》等系列短篇小说,也对经济变革与道德伦理之间的悖论进行了深入的反思。

在传统的道义准则和功利的价值追求(发展经济)之间,周大新避开了此是彼非、此善彼恶的二元对立思维模式陷阱,从建构美好人性的角度,对二者进行了双重的批判和审视。《武家祠堂》中众乡亲急公好义怜贫惜困,在道义上同情失去丈夫(为保家卫国而牺牲)的苇儿嫂。这种美德诚然宝贵,但它也严重地摧毁了男主人公尚志艰苦创业、发展经济的梦想。郜二嫂香油坊的发达(《香魂女》),哥哥嫂嫂弟弟个体交通运输业的红火(《怪火》),费丙辰面粉厂和服装店生意的兴隆(《老辄》),繁荣了经济,固然是人心所向众望所归,但伴之而生的资本对人性的扭曲又是何等可怕:郜二嫂曾因为一袋苞谷、一沓钱,嫁给了身心残疾的郜二东做童养媳,在无爱婚姻的牢笼中饱受煎熬,她手中有钱后,又用12500元剥夺了环环的终身幸福,迫使她嫁给了自己的傻儿子;哥哥嫂子在经济上翻身后,也变得为富不仁,无视他人生命的存在并摧毁他人人格的尊严;"野种"费丙辰一生的屈辱,是因为他的母亲迫于生存而委身于地主柳老七造成的,他赚钱后,又把罪恶的淫欲向穷苦无告的姚盛芳发泄,制造着新一轮的苦难。作者对笔下人物命运的不同处理,都是在期盼着如何终止或避免人性中这种恶的循环,思考着如何为经济的发展营造良好的人文环境。

我们再来看《第二十幕》：当作者直面二十世纪中国的苦难史时，一种强烈的忧患意识肯定时时伴随着他，由于自然灾害、污吏横行、异族入侵和民族内部频繁的权力争夺，人民的吃穿住以及生命安全等基本问题，长期没有得到很好的解决，振兴民族经济已成当务之急。正是这种强烈的忧患意识，使作者对资本扭曲人性的批判有所减弱，而把批判的重点放在抑制民族经济发展的权力机制以及官本位思想上。但不要误认为，作者在大力肯定尚家五代人发展民族经济的艰苦创业精神时，他心目中资本扭曲人性的忧虑已不复存在，为了强调发展经济的重要性，他已经把重建美好人性、提高国民精神素质的人文精神远远抛开。作家之所以弱化对资本异化的批评，很可能是他在两难的悖论中做出的不得不如此的选择。

事实上，作者对尚家五代工商业者人格范型的分析，在很大程度上仍然是一种人文关照。尚达志是那样多情，对盛云纬的爱终生不渝，又是那样无情，因祖业而割舍爱情，为积累资金而把女儿卖做童养媳；他是那样善良，热心救济饥饿冻馁的儿童，又是那样冷酷，为祖业后继有人竟用哑药断绝了孙子当歌唱家的梦想；他是那样顽强，在创业的道路上能够一次次跌倒又一次次爬起，又是那样懦弱，在当权者非分的要求面前始终不能挺直脊梁。尚达志复杂的人格，正是二十世纪中国特殊的政治经济与文化环境的产物。

盛云纬是作品中人性内涵最为丰富的人物形象。她一生的悲剧命运,根由于当权者和实业者的矛盾冲突,是实业者向当权者的妥协造成的。作者通过对云纬内心世界深刻独到的精神分析,完成了对二十世纪政治与经济症候的审视和批判。云纬对达志的爱恨情仇奇异交织瞬息万变:一方面,她始终如一地爱达志,这种爱不仅仅是两性的依恋,不仅仅因为他曾给过自己对两性生活的美好希望,其中更有着对他执着的创业精神的敬佩,对他创业梦想屡受当权者的摧残与破坏的同情;另一方面,她又恨达志,恨他为了发展丝织业,竟忍气吞声地看着她被封建官僚晋金存霸占为妾,觉得自己在他心目中"还比不上不会说话的丝织机",恨他为四十五两官银卖掉了女儿,"不要活生生的女儿,而宁要一堆机器",这一点,使她终身不能原谅尚达志。她临终前还抱怨尚达志:"我这辈子做的最大一件错事,是爱上了你,你从来没有全心全意地爱过我,你爱的是物不是人。"云纬的不幸遭遇,叫出了没有爱的悲哀,叫出了无所可爱的悲哀。云纬的悲剧和她对幸福生活的企盼,在大力发展市场经济的今天值得深思。

第三节　人性探索的政治纬度

周大新对权力体制与人性关系的观察与思考,最早是从

《河里太阳》开始的。这篇小说写两个满怀创业激情的复员军人被卷入庸俗不堪的权力网中处处碰壁,在人格和精神上饱受种种非人的折磨,一个无可奈何地举手投降,另一个仍在进行悲壮而无力的抵抗,小说揭示了权力场摧毁人格尊严的强大力量。《向上的台阶》通过毫无操守的权力追逐者廖怀宝,进一步对权力场形成的心理基础——官本位思想进行了分析:官本位思想的滋生,固然与几千年封建专制的文化传统有关,但它之所以能够走出庙堂,并且深深积淀于民间,更重要的是根源于人性的本能,人们普遍认为做官后即可获得吃穿住以及性的满足,官越大,获得满足的程度便会越高。

唯其如此,官本位思想才会那样根深蒂固难于更改:从20世纪初晚清官僚晋金存"男儿有志,就该到官场里比试比试"的人生哲学,到栗温保做皇帝的强烈欲念,再到20世纪末尚穹母子"做啥也不如做官"的遥远共鸣。官本位的思想,决定了无论是阿Q式的农民起义者栗温保还是无产阶级革命家晋承银,在掌握政权之后,很快就忘记自己当初让农民有吃有穿有住,发展民族经济的承诺,主动或被动地投身于充满血腥的权力争夺中;此外还有尚穹这类在改革开放后成长起来的年轻人,不惜以损伤民族经济的发展为代价,一味挖空心思地在官场上投机钻营。

为揭示被异化了的不以人类幸福为目标的权力机制和官

本位思想对人性的扭曲和异化,作者通过深入的精神分析,精心展示了栗温保人性中善的因素日渐泯灭、恶的因素日渐膨胀的心灵畸变史。栗温保本是一位纯朴善良的农民,饥饿的逼迫和晋金存的迫害把他赶上了武装夺取政权的道路,这时的他是可亲可爱的:竖起"三有"的旗帜,期盼人人有吃有穿有住,严斥强抢民女的肖四,怒骂殴打贫农的士卒……当他夺取政权成为权力机制中的一员后,这种人性的光辉就日见暗淡了。为了保住官位,他在自责自劝中剿杀白郎的农民起义,经不住官场的腐蚀,又在自责自劝中背叛相濡以沫的草绒另觅新欢,他终于被权力的魔杖扭曲了灵魂,变成他曾用鲜血和生命反对过的晋金存式的污吏,把罪恶的黑手一次次伸向尚吉利大机房,用暗杀的方式对付敢于仗义执言的卓远,绞尽脑汁地巩固自己的权力,为了爬上更高的职位而围剿共产党的军队,使成千上万的无辜者血流成河。

周大新对权力机制的批判,也是从构建完美人性的目的出发的。基督徒草绒目睹栗温保灵魂蜕变后,坚决反对丈夫把儿子引入官场,她告诫儿子秉正,要堂堂正正做人,可以经商做工种田,但绝对不能当官,发出了对官本位思想的抗争之声。知识分子卓远始终拒绝做官,是为了维护自由思想者的权利和尊严,是对"易弯最数腰,能软当推膝"人性弱点的反抗。云纬与尚达志终生相爱而至死不能结合的悲剧,实际上正是不正常的政治气候造成的:先是云纬被晋金存霸占为妾,尚达志无奈与顺儿成婚,晋金存与顺儿去世后,云纬又担心儿子参加革命会牵连到尚达志,好不容易革命胜利了,她又不得不扮演革命家母亲的角色,不能与资本家合流同污。唯其如此,他们一次次苦涩的性爱才显示出正义性和人性的魅力;唯其如此,当云纬目睹儿子蔡承银惨死于"文革"造反派之手,看到旧官场的程式又重演了一次时,她让孙子们发誓永不靠近官场的举动,才会掷地有声,振聋发聩,使人警醒。

作者对权力争夺摧毁美好人性的描述,最精彩的片断当推弱女子栗丽的第一次性生活。她把这次性生活看成一件能把爱人蔡承银与父亲栗温保在"人"的前提下紧紧联系起来的事情,她要使两个政党不同信仰不同的人成为翁婿关系,她想要个孩子,把他们变成孩子的父亲和孩子的姥爷,使他们不忍心互相残杀,她的这一靠伦理亲情弥合权力之争的天真想法,最终被无情地粉碎了。作者在另一篇小说《旧世纪的疯癫》里也有个相似的性描写场面:三爷爷振翼与日本少女神谷惠子的第一次性爱极其疯狂,他们要用力打破国家、民族、宗教和家族的界限,要"走到那个只有人的地方,只有男人和女人的地方,只有幸福和快乐的地方"。当然,他们这一美好人性的梦想,很快就被日本侵华战争卷得无影无踪。由此我们想到,目前笼统地反对躯体写作的态度并不可取,如何使文学摆脱政治厌倦症,如何把性解放的非人的文学导向个性解放的人的文学,如何把躯体写作引领到复杂的社会生活的层面上来,才是我们的当务之急。

第四节　人性探索的文化纬度

作者对人性问题的探索,还有一个文化的纬度。我们知道,建立在自然经济基础之上的儒道佛三位一体的伦理结构,尽管容易与专制的政治合谋,而且会限制经济的自由发展,但是在过去,它还是多少能够有效调整生命个体内部理与欲、义与利的矛盾冲突,有利于个体人格的完善和人际关系的和谐。近代以降的政治经济和文化的现代转型,使这种传统伦理范型失去了规范现代人情操的能力,而适应现代社会的现代伦理又长期未能建立,从而使物欲权力欲的恶性膨胀失去了行之有效的调节手段,这必然会导致人性的扭曲和异化。长期致力于观察和思考人性问题的周大新,在《第二十幕》中对传统伦理的现代命运进行了批判性的审视,试图寻找传统伦理向现代创造性转化的可能,寻找能适应现代社会的,使人性归善精进的人文资源。

卓远出身于书香门第,传统文化的教育和现代民主思想的熏陶,共同塑造了其优秀的人格。这种优秀人格,使他能够抵制物欲和权力欲望的侵蚀,成为一个生活于政治体制之外的自由思想者,使他能够长期坚守在知识分子的岗位上,站在人民的立场上,行使对当权者劝谏和批评的职能。他反对晚清政府征收苛捐杂税而被晋金存砍去五指,反对国民党的经济和金融政策险些被栗温保暗杀,反对"大跃进"而被尚承达限制了人身自由。他能够坦然面对这些当权者的威逼利诱不为所动,是因为他更多继承了儒家"富贵不能淫,贫贱不能移,威武不能屈"的优良传统。这个传统在二十世纪的中国是难能可贵的,但其作用的确又是极其有限的。正如抗日战争胜利后,知识者和平建国的方案和梦想,又一次被国内战争的枪声粉碎时,卓远所叹息的:"当权者并不需要知识人的这份聪明,他们需要的是权力……中国知识者所以会在设计国家未来的大事上没有发言权和决定权,恐怕是因为他们没有和资本结合,没有让自己站在雄厚的经济基础之上吧?"知识分子和资本相结合,是否还能保持知识分子的"批判性"和"社会良知"的功能,会对国家产生什么作用和后果,似乎并不如此简单,但卓远个体人格的形成及其命运是值得我们深思的。

在小说中,作者从正面审视了基督教、佛教对抑制人性之恶、净化人类灵魂的积极作用。在被丈夫背叛后,草绒在基督教中找到了心灵的安慰,基督教使她放弃了对丈夫的仇恨,放弃了以恶报恶的念头。他们夫妻间的冲突,转化为基督徒与世俗的权力追逐者的冲突。她听从上帝的召唤,一次次劝丈夫要爱人类,要同情孤寡贫弱,要爱惜他人的生命,不要因贪权嗜利而滥杀无辜,她反反复复向丈夫宣讲快乐悲伤幸福痛苦相互转化的平衡法则。尽管她对丈夫的规劝终归无效,但我们还是在她身上看到了人格的尊严和美好人性的闪光点。

知识分子左涛在"文革"期间曾经参与焚毁古籍的暴行,"文革"后受到了应有的惩罚,他从佛学中汲取了驾驭名权利色欲望的智慧,找到了自己的安身立命之所。在佛的感召下,他尽其所能地到处收集各种珍稀版本,开始了对自我罪恶的忏悔。尚天在父亲尚承达权力的荫庇之下,心灵中美好的东西被一片片磨掉,成为一个只知吃喝玩乐肆情纵欲的浪荡子。他瞒着父亲利用父亲市长的头衔弄权作恶,直至欺男霸女、倒卖假酒的恶行把父亲气得脑溢血瘫痪,才终于看到了因果报应法则的存在。他能及时对人生道路进行反省,在很大程度上,是因为听了水濂寺和尚和左居士的话:"人做的坏事,佛祖都在看着,一旦他觉得该施惩罚,那惩罚马上就到了。"

周大新对国民精神状态的困惑和焦虑,是当代多数人文知识分子正在面对和必须面对的问题。所以,对于作者从不同角度再三表白的平衡的法则,对于其作品中时常出现的因果报应思想,我们把它看作作者对人性的体悟也好,看作他重建美好人性的策略也好,不管是何种看法,我们都应该对他的探索给予了解的同情。抱着这种态度,我们再读他最近创作的中篇小说《浪进船舱》,我们便能够理解,他何以会从佛教基督教道教的相互比照中,重新审视社会主义的文化遗产,回望并寻找那并不算遥远的历史记忆。

以上从不同角度分析《第二十幕》,只是为了论述的方便,这难免会把作品解读得支离破碎。说实在的,恰恰是多维空间的冲突和悖论里的各种人性煎熬,带给我们心灵的震颤与冲击,构成了作品的审美魅力,这种魅力单靠理性的分析恐怕是很难传达出来的。如果仅从创作方法上说,作者在多维空间中观察和思考人性问题,是勇于正视现当代文学创作经验和教训的结果,能够有效避免单一视角的偏狭,如写政治而流于政治实用主义,写经济而滑向唯科学主义,写文化或宗教而在玄学思辨的道路上越陷越深,从而远离了现实主义的创作道路。这就是《第二十幕》留给我们的最大启示,期盼作者在这一道路上能够取得更丰硕的成果。

第五章　谁来点亮进城的灯火
——读李佩甫的《城的灯》

第一节　文学中的"城"与"乡"

农村和城市的关系,历来是文学关注的焦点。美国社会学家R.E.帕克在20世纪20年代曾经说:"城市与乡村在当代文明中代表着相互对立的两极。城与乡各有其特有的利益、兴趣,特有的社会组织和特有的人性。它们形成一个既互相对立、又互为补充的世界。二者的生活方式互为影响,但又绝不是平等相配的。随着城市的影响不断向广大农村渗入,农村人也在被改造的过程中,二者之间的差异最终是会逐渐消失的。"①

---

① [美]R.E.帕克等:《城市社会学》,华夏出版社,1987年,第275页。

农业社会的人际关系是建立在自然经济基础上的,它在很大程度上是一种相对稳定的血缘关系,既有其专制性的一面,又有其温情的另一面。而城市化的进程是与商品经济的发展密不可分的,它逐渐摧毁了建立在自然经济基础上的人际关系,使乡村人在价值观念和生活方式上逐渐向都市人靠拢,从而对乡村社会产生正负两方面的影响:从积极的方面说,它向乡村输入了先进的物质文明和现代民主观念,可以改变农村贫穷落后的面貌,摧毁宗法制人身依附关系;从消极方面讲,城市的扩张也在不断地蛀蚀着农村所固有的单纯素朴的人性,不断刺激各种消费性欲望,使人类理性的精神性的力量日益受到本能的物质欲望的排挤。这就是马克思所说的:"资产阶级在它已经取得了统治的地方把一切封建的、宗法的和田园诗般的关系都破坏了。它无情地斩断了把人们束缚于天然尊长的形形色色的封建羁绊,它使人和人之间除了赤裸裸的利害关系,除了冷酷无情的'现金交易',就再也没有任何别的联系了。它把宗教虔诚、骑士热忱、小市民伤感这些情感的神圣发作,淹没在利己主义打算的冰水之中。……资产阶级撕下了罩在家庭关系上的温情脉脉的面纱,把这种关系变成了纯粹的金钱关系。"①尽管有着建立在契约基础上的法制

---

① 马克思:《共产党宣言》,《马克思恩格斯选集》第1卷,人民出版社,1995年,第274~275页。

的调节,人类个体还是很难保持内心的和谐,人与人的关系脆弱而冷漠,这就是所谓的"现代性危机"或"城市病"。

乡村人的价值观念逐渐向都市人靠拢,这是乡土社会向工业社会转型的必然趋势。城市化的双重影响给作家们带来无尽的困惑:在理智上,他们知道城市化具有历史的必然性,但在情感上却剪不断对乡村文明的依恋。这种理智和情感的错位,在某种程度上是相当具有普遍性的:哈代、巴尔扎克、托尔斯泰、德莱塞、安德森、马斯特斯、废名、沈从文、路遥、张炜、周大新等作家,都曾在城乡之间徘徊过,苦闷过,并把这种苦闷升华为优秀的作品。在李佩甫的《城的灯》中,我们又一次看到城乡对峙所引发的焦虑。

在中外文学史上,以城乡关系为题材的作品非常多,在价值取向上大致可分为三类:其一,侧重于对现代城市文明进行批判,或者描写城市生活如何扭曲乡下人的灵魂,或者满怀深情地歌颂乡村文明,致力于营造远离城市文明的现代版的桃花源,有的因此而走向反文明、反历史、反理性的极端。因为乡土社会的伦理价值很难和都市社会的伦理价值抗衡,这类作品往往呈现出挽歌与悲歌的情调。其二,侧重于批判乡村社会与现代文明相悖离的愚昧和落后因素,积极推进城市化进程。在这类作品中,我们更多看到的是作者们启蒙主义的姿态,以及他们对"现代"价值观念和"现代"社会制度的预设与建构。其三,从建构美好人性的愿望出发,对都市和乡村进行双向的审视和批判,一方面作者们认识到城市化的进程不可逆转;另一方面,他们坚守人的文学的批判立场,多方寻找对抗资本异化的精神资源,试图以此减轻城市化进程的阵痛。由于作家更多关注的是人的生存方式和精神状态,在所有涉及城乡关系的作品中,第三类占大多数,从中我们更多看到的是城乡冲突所带来的焦虑和困惑。李佩甫的《城的灯》显然属于第三类。作者立足于中国近五十年来的历史变革的土壤中,在相互交叉的两条线索中展开"乡下人进城"的叙事:故事的一条线索重在写城市,通过冯家昌逃离农村,艰难地融入城市的历程,批判城市生活对人性的扭曲与异化;另一条线索重在写农村,通过村支书刘国豆的女儿刘汉香,思考如何实现农村的城市化,如何依靠农村自身的力量来实现农村的城市化。

第二节 冯家昌:"进城"的代价

《城的灯》中的冯家昌是个逃离乡村,进入城市而被城市生活异化的典型。他出身于农民家庭,农村生活给予他的只有贫穷、卑贱和屈辱的记忆。他在极度匮乏的物质生活中成长起来,穷得甚至大冬天连一双鞋子都穿不起。贫穷尚在其次,更让他难以忍受的是,以支书刘国豆为代表的乡村社会的统治者带给他的屈辱。他的父亲是入赘上梁村的,在强大的家族面前,这种单门小户的家庭总是势单力孤的。家里的一棵树被强邻刘一刀霸占,他的父亲卑躬屈膝到处求人"说理",但根本无法维护自己最基本的权利,这件事在冯家昌幼小的心灵里留下难以磨灭的创伤。他与刘汉香的恋爱,冒犯了支书刘国豆的"等级制观念",因此被基干民兵吊打,险些被砍去一条腿。为改变自己家族的命运,他只好选择"逃离"乡村。

但是,在计划经济年代,城乡二元的户籍制度和就业制度,严格限制着农业人口向城市的流动,城市的大门对冯家昌这类优秀农民子弟几乎是关闭的。摆在他们面前的进城之路,是少而又少的。一是考大学,挤独木桥,大学毕业后由国家安排在城市就业,但走这条路需要天分,还必须具有一定的经济基础,对于农村子弟冯家昌来说,此路显然行不通。二是争取国家每年向农村下达的千分之二的招工指标(一般为挖煤工、淘粪工、养路工等),获得"公家人"身份。这条路也很难走,因为招工指标更多是"照顾"性的,多用来安置下乡知青、复员军人、落实政策人员、干部子弟和配偶、退离休职工(特别是老、弱、病、残职工)子女,走这条路更需要背景,没有一定的社会关系,很少的招工指标是绝不会光顾冯家昌这类人的。三是参军,并争取成为"穿四个兜"的"国家的人",由国家安排在城市就业。河南籍的现在许多活跃的作家,如周大新、阎连科、朱秀海等,都是从这条崎岖的小路上走出来的。这条路也不好走,能否参军取决于有没有一定的社会关系,参军后能否提干又是充满变数的。稍微年轻一点的刘震云,参军后未能提干,只好重新选择第一条路,并以这段参军的经历,写出小说《塔铺》和《新兵连》。

冯家昌以村支书刘国豆的"准女婿"的身份,获得了"特招"参军的资格,由农民变成了军人,开始具有了身份转变的可能性。初入连队,他便以农民的方式努力"表现"自己:他不怕吃苦,在滴水成冰的寒风中,坚持办了一百多期板报;在长途拉练中,他以骆驼般的毅力背着九支步枪走完了全程;他偷偷在沙滩上开荒种菜,收获了满满两车南瓜,解了部队的燃眉之急。但这一件件惊人的"壮举",并不能保证他获得"城市"的入场券,因为当时的城市不是建立在现代商品经济基础之上的,而是有着强烈的政治权力色彩。城市被划分为一个个的机关和单位,个人的命运就掌握在这些单位领导的手里。冯家昌要想取得城市人的资格,并把几个弟弟"日弄"到城里来,除了向权力机制投降之外,别无他途。由此,他的人性异化的历程开始了。在连长的启发下,他学会了向上级"交心"(打小报告),在一次次交心的过程中,他的心由单纯变得日渐复杂,由温暖而日渐冷酷。从连队到军区大院,他很快像侯秘书、刘参谋那样,学会了讨好领导和钩心斗角。为了进入城市,他不得不在"提干"和"爱情"之间进行痛苦的抉择,最后狠心地成为"现代陈世美":彻底背叛了挚爱他并在默默无言中长期支持着他的刘汉香,开始与市长的女儿李冬冬"恋爱"。在成功地"占领"了李冬冬后,他终于取得挺进城市战役的伟大胜利,但"他进入了城市,却丧失了尊严"①,成为一个精通权术的机关干部。他善于利用历史所提供的各种机遇,根据时代的变化,分别为几个弟弟设计了进入城市的道路,"经过长时期的运筹谋划,又经过殚精竭虑的不懈努力,冯氏一门终于完成了从乡村到城市的大迁徙"②。

在20世纪80年代初期,冯家昌的进城之路是充满艰辛和屈辱的,他感觉自己就是"一头待售的羊",只有通过出卖自己的"良知",才能完成从"食草族到食肉族"的转变。即使他成功地进入了城市,他仍然难以彻底摆脱"乡下人"的身份,城市的傲视和冷漠使他感到渺小而卑微。为了能够在城市站稳脚跟,他不得不臣服于城市的规则,在单位里循规蹈矩,在家庭中忍辱负重。身份优越的妻子总是责问他:"也不想想你是个什么东西?!""城市乡下人"的复杂的身份,使他失去了精神的家园,感到"今生今世,无家可归"。

冯家昌的经历,是当时历史条件下少数农村精英进城经

---

① 李佩甫:《城的灯》,长江文艺出版社,2003年,第192页。
② 李佩甫:《城的灯》,长江文艺出版社,2003年,第402页。

历的一个"缩写",冯家昌是一个承载着丰富的社会、历史内涵的"典型人物"。总的说来,新时期之初通过"考学""参军""招工"进入城市的人,还算是幸运的,无论付出多大代价,他们还是在体制的安排下,获得城市人的身份,逐渐融入了城市生活,有的甚至还进入城市的上层。20世纪90年代中期以来,随着中国城市化进程的加速,乡下人进城已不必再走过去的羊肠小道了。城市的急剧扩张,对农村劳动力有了更大的需求,城乡二元户籍制度逐渐松动,而农村土地锐减,粮价低贱,付出多收益少,农民因此纷纷涌入城市,从而出现"有史以来最大的人口流动"。农民虽然进城容易了,但很难融入城市,他们付出的代价可能要远远超过冯家昌那一代人。

第三节 刘汉香:乡村现代化的理想

如果说冯家昌以逃离、背叛乡村的方式进入城市的话,刘汉香则是以坚守的姿态进入城市的。刘汉香这一人物形象具有理想化色彩,她可以说是爱和美的化身。她无视乡村的门第观念,毅然决然地和冯家昌相爱。为了这份爱,她与父亲刘国豆这一乡村政权的持有者彻底决裂,在"没有嫁妆,没有聘礼,没有娘家人的陪同,甚至没有男人的认可(男人还在部队当兵)"①的情况下,自己把自己嫁到了冯家;为了这份爱,她在长达八年的时间里,任劳任怨地照顾着冯家的老父弱弟,使他们过上了正常人的生活,获得农村人最基本的"体面"和"尊严";她没白没黑地操劳,在赢得乡民们的承认和尊重的同时,也为冯家创下了一份家业,改变了冯家这个低贱家族的命运。

刘汉香默默无言地支持冯家昌在城市的创业,并没有什么远大理想,最多也无非是逃离乡村,到城里做一个军官的太太。冯家昌背叛她后,她对自己的人生道路进行了彻底反省。她要走一条完全不同于冯家昌的道路,即坚守在这片贫瘠的土地上,带领众乡亲一起进入城市的大门。她拒绝了许多城里人的求婚,接替了父亲村支书的职务。她号召乡亲种果树,以摆脱贫穷;她身体力行,教育乡下人学会礼仪和文明;她苦口婆心试图唤醒农村女性的自我意识。经过千辛万苦的试验,她终于培育出了举世无双的"月亮花",为了实现自己伟大的理想,她拒绝了外商收买"月亮花"的500万元的高价,她要以"月亮花"的经济价值改变乡村的落后面貌,要以"月亮花"的美改变世道和人心。当她被六个入室抢劫的乡下少年残忍杀害时,还一直在自言自语地说"救救孩子"。她的理想主义

---

① 李佩甫:《城的灯》,长江文艺出版社,2003年,第115页。

的精神和圣洁的情操,感动了乡民、县委书记和外商,他们终于完成了她未竟的事业,把上梁村变成了一个举世闻名的花镇,使"乡民们获得了正式的城镇户口,由农民变成了民工"。刘汉香以及上梁村的"转变",似乎有点理念化、理想化,有点过于仓促,让人感觉缺乏历史必然性和实践经验的支撑。传统美德与市场经济之间的剧烈冲突,在某种程度上被作者道德乌托邦的理想遮蔽了。

应该说,李佩甫在《城的灯》中对农村的描写,还是较为成功的。他既写出了农村贫穷、落后和专制的一面,揭示了冯家昌、侯秘书、刘参谋这类乡村逃离者产生的深层社会原因,同时,他又写出了村民们特有的温情和原始的正义感。例如,当冯家昌的父亲"一棵树"的官司败给村霸刘一刀之后,"乡亲们对冯氏一家人突然变得很亲切"①,以此表示对弱者的同情、对强权的憎恨;当刘汉香被冯家昌抛弃后,匠人老槐和他的徒弟们不要刘汉香的一碗饭、一分钱,拼命般帮刘汉香建好了房子,他们这样做,是要叫人看看"什么叫仁义"。冯家昌的背叛,触犯了千百年来挂在乡民心头上的那条道德伦理的底线,他们"没有人特意组织,也不用谁去撺掇",自觉地聚到一起,为刘汉香出谋划策,主持公道,"人们的心思是一致的,就是泼

---

① 李佩甫:《城的灯》,长江文艺出版社,2003年,第8页。

上命,也要把那个单门小户的臭小子弄回来"①。

在农村城市化的发展进程中,刘汉香试图把乡民们身上质朴、善良和正义的优点保留下来,使他们在市民化的过程中免于人性的异化。但历史总是无情的,它不会按照刘汉香(以及人文知识分子们)给它设计的道路前行,李佩甫显然对这一点有着深刻的体验,他在农村城市化的问题上充满了困惑。他不赞同冯家昌式的逃离者,但又对他们的逃离持宽容的态度,因为这种逃离具有其历史的合理性,是城市化进程中必然要出现的现象。他以刘汉香形象的塑造,表现了自己对农村城市化的理想,并最终让刘汉香实现了她的梦想,但他对这种理想又是充满了怀疑的:刘汉香所做的两个有关进城的噩梦,说明了乡村城市化的艰难性,以及人类在精神上所必须付出的代价。

李佩甫期待农村能够就地实现城市化和现代化,希望农民能够不离开自己的家园而转变身份。这与20世纪乡村建设派的主张有某些相似之处,在他们看来,必须依靠一大批有正义感和良知的知识分子,才能减轻农村现代化转型的阵痛,才能抵抗人类精神的堕落。但我们面对的现实恰恰是,这样的知识分子太少太少了,正如李佩甫在《无边无际的早晨》《金

---

① 李佩甫:《城的灯》,长江文艺出版社,2003年,第23页。

屋》《李氏家族》《羊的门》等作品所批判的那样,城市的知识分子不了解乡村的真实处境,不了解农民在现代化建设中所付出的巨大牺牲,而出身于乡村的知识分子们,却多数像冯家昌那样,贪图城里的现代生活而选择了逃离,有的甚至成为乡村苦难的直接制造者。真正像刘汉香那样坚守在土地上而能有所作为的人,实际上是少而又少的。因此,《城的灯》刚出版,就有批评家指责刘汉香过于理想化,认为依靠这种理想化的女性,或者靠某种理想化的人格,是不能点亮乡下人进城的灯火的。把乡下人进城的希望维系在女性心底的善良与正义,靠理想化的女性来缓解由城乡矛盾所引发的社会性焦虑,似乎有点太脆弱了。无独有偶,周大新的《湖光山色》也同样把城市化进程的希望寄托在女性"暖暖"身上。

就笔者所阅读的范围来看,近年问世的不少涉及城乡关系的小说(特别是农民工进城题材小说),大都采用了城乡二元对峙的方法来组织情节和设置矛盾,而且都自觉不自觉地美化乡村文明,并以此作为批判都市文明的支点。这种现象产生的原因是比较复杂的:首先,中国具有源远流长的乡土文学传统,在乡土社会基础上产生的伦理观念和审美观念,或多或少地会渗入到当代作家的心理结构中,进而进入其小说文本。其次,与作家自身的生活经验有关,周大新、李佩甫、刘庆邦等人在童年和少年时代都曾有过农村生活经验,在他们最初进入城市时,"城市病"尚未充分呈现,因此在20世纪80年代启蒙的文化潮流中,他们都曾着力批判农村的专制、愚昧和落后。20世纪90年代后,作家们离乡已久,而城市却出现人性异化、信任危机、道德紊乱、人情淡漠等现象,在他们批判都市文明时,童年和少年时代温暖而美好的记忆自然会自觉不自觉地浮现出来,成为小说中的重要元素,与城市的堕落形成鲜明对照。这种经验性的文学写作,极容易把城乡关系简单化。

因此,在思考城乡关系时,我们应该有更开阔的视野和更自由的心灵:既然城市化的进程不可逆转,既然乡村已经不能给现代人提供精神的家园,对当代作家来说,也就不能再一味怀念业已消失的乡村价值观念和审美理想了,我们更应该思考的问题是:如何在都市中重建人类的精神家园和审美理想。我们不仅要看到城市的无序扩张对乡土文明的破坏,也要看到城市文明给乡村文明所带来的新的可能性,城市绝不仅仅是乡下人的地狱,不仅仅是堕落、颓废、阴谋、仇恨与冷漠的空间,它也在给乡下人提供新的人生和人性的可能性。在思考城乡关系时,也不应更多地停留在道德的层面,把复杂的城乡矛盾简化为善恶冲突,这种道德化的叙事是很难找到社会矛盾的症结的,因此也就不能更好地干预生活并推动生活前进。在这方面,文学工作者与经济学、社会学工作者相比已经明显滞后了,后者已经从资源分配制度、价格制度、医疗制度、教育制度、就业制度、社会保障制度等方面,就如何消除城乡对立、统筹城乡发展提出了一系列有价值的改革方案,有些方案已经作为政策在实践中逐步推行和完善。这些理论探索和改革实践,已经或者必将对城乡关系产生深刻影响,文学写作者应该把这些问题也纳入自己的视野之内。

那么,在城市化的进程中,谁才能为我们点亮理想和正义的灯火呢?刘汉香显然是不可能的,我们靠什么来保证乡下人进城的公平性与公正性呢?仅仅依靠体制改革和制度建设的神话吗?那么,体制改革靠谁推动,制度建设又靠谁建设,我们的推动者和建设者们是否具有与此相关的必不可少的素质,这应该成为文学写作者必须正视的问题。

第六章　如何面对小说的危机
——评王湛国新著《煤老板》

王湛国著《煤老板》(江苏文艺出版社,2010年),是一部值得一读的长篇小说,刚出版就有不俗的发行量。拿到小说后,我仅用两个夜晚,便一气呵成地完成阅读。可以说,这是一部"拿起来就放不下"的长篇小说,因此,我想以《煤老板》为例,来谈谈如何增强小说的"可读性"这个问题。

第一节　面对小说文体危机

20世纪80年代中前期,是小说文体的黄金时代,当时中小学教育全面普及,培养了大量的识字者,而电视尚未普及,网络尚未出现,读书还是一种主导性的求知娱乐渠道,从而形成了一个庞大的小说阅读群体。当时的小说家几乎不用考虑读者问题,即便某些"阳春白雪"的小说,也不用十分发愁销路。20世纪80年代中后期,由于电视、录像把大量的读者转化为观众,小说文体开始出现危机,王蒙关于小说失去轰动效应的讨论,引起全国关注。

20世纪90年代以来,小说的困境日渐严峻,由于文字艺术很难与视听艺术抗衡,小说的读者群逐渐被电视和网络瓦解。有的作家干脆放弃与电视、网络争夺读者的想法,把接受者锁定在高层次的读者上,刻意追求思想的深度和艺术形式的创新,而很少考虑如何把故事讲得更吸引人一些。而这类小说的读者恐怕也仅限于职业的读者和专业的批评家,可即便他们阅读某些所谓"先锋"或"实验"小说时,也会有如临大敌的感觉,因为许多高层次的读者也渐次沉溺于电视和网游中了。有的作家则主动迎合消费时代的审美趣味,拒绝理性思考,靠展览欲望来吸引读者;有的小说家则放弃小说而转向更有利可图的影视剧本写作或改编。

面对小说读者和作者的逐渐流逝,关于小说危机的讨论不绝于耳:小说真的要死亡了吗?小说阅读行为将从我们的生活中消失吗?在视听艺术的裹挟下,小说怎样才能确保其继续存在的价值?小说应该怎样写,才能产生其他艺术不可取代的艺术魅力,把尽可能多的读者从电视、网络的控制中争取过来?我们在文学报刊上,经常看到类似的担忧和争论。有些人对此忧心如焚,觉得再也不能只管埋头写作,而不顾读者的反应了。事实上,小说的读者危机问题并不始自今日,这是个曾经多次出现的老问题,老一代的作家们在克服读者危机方面曾经创造过许多值得汲取的宝贵经验,或许,我们可以设想一下,假如朴素热忱的赵树理还活着,当他看到老百姓每天都在被低俗的网络游戏所毒害,看到祖国的花朵们网络成瘾,他的小说该怎样写,他会采用什么办法使自己的小说挤进网络空间?假如朴素热忱的侯金镜、王西彦还活着(他们曾致力于开拓小说的传播疆域,沟通小说家与读者的联系),当他们看到我们的批评家还在玩弄故作高深言不及义、下笔千言离题万里的概念游戏,他们会做出什么样的努力?

第二节　充分介入现实生活

我觉得,《煤老板》在改善小说与读者关系方面所做出的努力,是值得肯定的,为我们思考小说危机问题提供了不少有益的参照。《煤老板》的作者是朴素的,在提笔创作时,不是眼睛盯着潮流,而是心里装着读者;《煤老板》也是朴素的,它不屑于卖弄花拳绣腿,而是把主要精力放在深度介入现实生活、精心提炼故事、苦心经营文字艺术、认真塑造人物形象这些最基本的工作上。小说能够让读者手不释卷,产生阅读的喜悦,是与这种回到朴素的艺术追求分不开的。

与视听媒介相比,文字虽然不够直观,但它能够更自由更深入地表现生活和传达思想。因此,小说要想获得更多的读者,必须对过分依赖虚构和想象的倾向进行反思,必须更深更广地介入现实生活,从中发现和提出困扰老百姓日常生活的新问题,从中汲取更多的生存经验和生存智慧,切实地增强小说与现实生活的联系,这样才能牵动社会的神经,拨动大众的情绪,才有可能把沉溺于影视网络等"虚拟现实"中的人拉回到"真实的现实"中。

从介入现实生活的角度看,《煤老板》是值得肯定的。它是以坚实的生活经验为基础的,写出了生活的广度、深度和浓度,精彩地呈现出了金钱、权力对人性的扭曲与异化,这是影视艺术所不能及的。作者采用传统的社会历史分析的方法,向我们展示了煤炭行业近30年的发展历史:国家宏观经济的好与坏,决定着煤炭行业的兴与衰;煤炭行业的兴与衰,决定着煤老板的苦与乐。作品以煤炭行业为中心,向上连接起官场(石清泉、何有才、马少庆等)的光怪陆离(吃拿卡要、钩心斗角),充分揭示出煤炭行业官商勾结、权力与资本相结合的运行机制;向下连接起底层社会(赖奇、马少军、牛孬孬、宋铁汉)的藏污纳垢,展示出煤老板们与黑社会之间千丝万缕的联系。小说写出了生活的广度,宏阔而不失之于空洞,因为作者在煤炭行业建立了扎实的生活基地,掌握了大量生动的细节,积累了丰富的情绪记忆。由于作者高度重视挖掘生活细节的社会内涵和历史内涵,因此写出了生活的深度,细致而不失之于纤巧。

作者笔下的生活是有浓度的,他善于以精炼的细节描写,捕捉公共的生活经验,诸如村干部选举问题,打白条问题,农村计划生育问题,集体上访问题,假药、假酒、假证问题,传销、矿难、新闻业腐败、短信骚扰问题……这些精彩的细节描写,并不是对生活现象的简单罗列,而是非常自如地和人物形象的塑造、故事情节的发展、艺术氛围的营造有机结合起来。这些组织有序的细节描写,都是从现实生活的沃土中开出的艳丽的花朵,凝聚着丰富的生活信息和历史信息,不断地在唤醒读者沉睡已久的生活记忆和联想,使读者的思维时时处于活跃状态。我觉得,这是我们在阅读小说过程中不忍释卷的重要原因之一。

第三节　充分发挥文字讲故事的能力

在影视网络的冲击下,小说要想争取新的读者,必须回到朴素的起点,切实增强以文字讲故事的能力,写好故事的每个环节,使作品像磁石那样紧紧地吸住读者,让他们始终跟着自己的思路走,而不让他们中途掉链子。

西方的叙事学理论传入中国,其积极影响不容低估,但不少小说作者似乎不太明白"第一人称叙事""第二人称叙事""内聚焦""外聚焦""多视角"等叙事手法,都是为了更好地传达历史经验和生活经验,使读者更容易地理解人、理解历史与社会,而不是为了把小说搞得扑朔迷离、云山雾罩;是为了拉近小说与读者的距离,而不是为了疏远与读者的联系,即便是改造读者的阅读趣味,也需要从尊重和了解读者的阅读趣味做起,而不应过多地沉醉于自我的实验之中。

单从讲故事的能力上讲,20世纪90年代以后的小说家,是普遍不如"十七年"的小说家的。"十七年"的小说家几乎个个都是讲故事的高手,不知怎么的,这种讲故事的能力逐渐丧失了,小说中精彩可读的故事越来越少了。从《煤老板》中,我们似乎看到小说家讲故事能力复活的迹象:小说在艺术结构和叙事方式上,没有刻意模仿西方现代小说,而是更多地学习老祖宗积累的艺术经验,尽可能地向民族化、大众化的轨道靠拢,向"今天的"老百姓的审美心理靠拢。小说的主线非常明晰,在主线中自然地穿插了许多精彩的小故事,既能收得拢,也能挥洒得开,这是难能可贵的。而其最显著的特色,则是故事的节奏感强,富有趣味性。

为了增强故事的节奏感,作者不回避故事的相似性,而是大胆地以相似情节的重复与叠加,形成故事的节奏感:在第一次筹建能源大厦时,姚秀玲为了筹集资金,分别拜访三大金刚(李黑虎、白清风、黄大伟),分别遇到县委书记石清泉、县长何有才、副县长马少庆,获悉三大金刚的煤矿分别掌握在这些地方官的手里,当姚秀玲打着市长的旗号要求融资时,几位地方官的反应大同小异,先是慨叹被单市长冷落,继而暗示自己与市长有着非同寻常的关系,等等。在后来讲述省、市、县、乡、村层层设卡盘剥,导致煤价频繁上涨,姚秀玲二次融资购买能源大厦等故事中,作者也采用了相似情节的重复与叠加。这种重复性的叙事,使小说具有了明显的节奏感,增强了故事的可读性与感染力,更为重要的是,有力地传达出对官商勾结、权力与资本相结合的批判。

在阅读小说时,读者是不可能以同样的精力对待整篇小说的。密不透风的故事,即使故事都很精彩,也难免会造成阅读的疲劳。在读者容易疲劳的地方,作者会中断故事的叙述,适度穿插一些有趣的"闲笔"(散文、民谚、诗歌、流行歌词等),使故事变得张弛有度。比如,对福昌县羊肉汤的描写、对乡土社会混世哲学的描写等,剖析世态人情,文笔精到优美,语言富有感染力,分明都是出色的散文;几首民谚的穿插,用得也比较恰当。用"闲笔"转换叙事节奏,这在古典小说中最为常见,但"有诗为证"太多,或"诗"与叙事不协调,也会破坏叙事的统一。在这方面作者是比较谨慎的,他就像高明的导游那样,当旅客倦怠于跋山涉水时,偶尔给他们一些精致的野味,让他们小憩片刻再继续前行,估摸着闲笔已经缓解了读者长时间阅读故事的疲累,也就没有必要再喧宾夺主炫耀才情了,他会迅速地把读者带回到新的故事中。

《煤老板》的故事具有很强的趣味性。作者善于通过人物言行的巨大反差、常情与荒谬的巧妙组合,来营造作品的趣味。如煤老板集资、绑架赵志强两场,通过漫画化的夸张,带给我们强烈的视觉效果和会心的微笑。在写法治社会两个黑社会集团的火并时,作者采用《三国演义》中"两军对阵"的手法大肆渲染,双方摆开阵势相互冲杀,赖奇战败后,"黄大伟大喜,乘兴发出追杀令:只要死赖奇,不要活七爷",在夸张的笔法和文字中,传达出对社会问题的严肃思考。作者有时也采用一些新的叙述手法如意识流等,但他致力追求的仍然是故事的趣味性。如姚秀玲再遇赖奇,赖奇给自己少女时代带来的巨大伤害,瞬间杂乱无章地涌上她的心头,使得她的精神几乎崩溃,而赖奇若无其事地与她攀亲认故,二者间形成巨大的反差和张力;相濡以沫的赵玉良另有新欢后,姚秀玲精神错乱恍惚,却阴差阳错地把羊肉汤事业推向巅峰,并与李黑虎、白清风、黄大伟谈妥了三桩大生意。这既表现出姚秀玲被侮辱、被伤害的心情,同时又取得令人忍俊不禁的艺术效果。

第四节　充分发挥文字艺术的特长

小说要想摆脱困境,必须充分发挥文字艺术的特长,让读者感受到语言本身所独有的魅力。这是当前小说的薄弱环节,不少小说的叙述语言仅仅满足于叙述故事,而忽视了语言本身也应成为重要的审美对象,仅仅靠曲折离奇的故事打动读者,而不善于用语言本身来唤醒读者各种各样的情绪感受。

看得出,《煤老板》是把语言文字作为一门艺术来经营的,在增强语言的表现力和审美性上,是做出过一番努力的。从形式上讲,作者擅长以文字拟声绘形,如"豁啷啷""咕咕唧唧""咕咚咚""噗噜噜""噗哒噗哒"等,有种说不出的美感和韵味;长句与短句、叙述语言与人物对话有规律地交替使用,语言形式和语法结构灵活多变,形成很强的节奏感,读起来上口,文字有弹性。而小说的语言中则凝聚着丰富的生活经验和历史记忆,容易引发联想,如写计划生育,"该扎不扎,房倒屋塌,该流不流,扒房牵牛;宁可血流成河,不许超生一个;宁添十座坟,不添一个人",一下就把读者抛到20世纪80年代的生活氛围中去了。

《煤老板》在语言上最突出的特点,是叙述语言的风格化。从整体上看,小说的叙述语言是明白晓畅、生动活泼的。具体来讲,作品善于根据不同场景的需要,采用不同的语言风格。或诙谐幽默,如不谙煤炭行业运行机制的赵玉良,自以为马上就会成为亿万富翁,最终却血本无归。或雅俗共赏,如煤炭行业不景气,姚秀玲的能源大厦停建,"春天,那个大坑的四周萌发了青草,绽开了野花,有蝴蝶停在上头。到了夏天,那些野草开始疯狂地滋长,蔓延,铺天盖地一大片,像一块庄稼地。想必到了秋天,那个大坑将积满雨水,月光下,可以听取蛙声一片了"。或悲怆感人,负债累累的姚秀玲跑到城里做羊汤生意,老家的庭院荒草丛生,墙面满是青苔,成为乌鸦麻雀的家园。丈夫背叛后,孑然一身的姚秀玲到北京探望儿子,"看着儿子拎着一大堆盒饭,跟送盒饭似的消失在一片低矮的红楼中,秀玲都悄悄地抹眼泪"。或气势磅礴,如写黑社会集团的火并。或戏拟和反讽,如两个农村施工队争夺施工权,"两拨人马就兵对兵,将对将,挖掘机对挖掘机地打起架来,直到打死了一个人,才住手","他们埋葬了尸体,擦干了眼泪,还是接着挖",在把所有煤矿拍卖给江浙商人后,县长何有才"举起酒杯,绕场一周,跟各位近臣碰杯后,像毛主席在天安门城楼挥手一样,舞动起他不太粗的手臂说:'我们——福昌县——各机关、各事业单位——发工资啦——!'"这些风格化多样的叙述语言,让故事变得摇曳多姿,在读者心中唤起不同的情感体验,有效增强了小说的审美性。

在风格多变的叙述语言中,作者喜欢插入高度个性化和生活化的人物语言,以转换叙述的节奏,推动故事的发展。煤老板们其实都是地地道道的农民,作者在描写李黑虎、白清风、黄大伟等煤老板时,有意识地凝练民间的方言、口语,使他们的语言播散出浓郁的生活气息和农民所特有的幽默感;在描写马少军、牛孬孬、老胡等小混混时,作者特别善于捕捉民间语言中亦真亦幻、夸大其词的特点;在描写石清泉、何有才、马少庆等官场人物时,作者戏剧性地模拟其有韵味的"官腔"。这些人物的语言,经得起咀嚼和慢慢地回味,不仅好听,也更容易造成一种视觉效果,把人物的神态惟妙惟肖地展示出来。

在影视网络的冲击下,小说要想挽留住更多的读者,还必须有效增强文字的塑像能力,创造具有人性深度和历史感的人物形象。在这方面文字不如影视直观,不能直接给接受者以视、听觉的冲击力。但视听艺术虽直观,却无助于提高接受者的审美想象力,泛滥成灾的视听艺术,甚至每天都在破坏着我们的审美想象力,因为它更多诉诸视觉听觉而不是大脑。因此,在读图时代,文字艺术仍然是有效提高读者审美想象力的重要手段,在从文字复原形象的过程中,读者的审美想象力可以得到切实的锻炼和提高。唯其如此,波德莱尔、马拉美等现代派诗人才会刻意以文字作画、以文字作乐,试图与视听艺术一决高下。

《煤老板》的作者也有这样的雄心壮志。在他看来，文字艺术可以自由地抵达人物的内心世界，这是视听艺术不可比拟的。但作者多次声明，他不愿直接用文字介入人物的意识流、潜意识，一来这不符合中国人的阅读习惯，二来会使小说的审美性大打折扣。他更愿意让读者和他一起，从人物的言行中体味人物深邃的内心世界。赵玉良夹在前妻姚秀玲与新妇李晓红之间的尴尬言行，不是已经把他受压抑的心灵全部向我们打开了吗？姚秀玲与李晓红在羊汤馆里简短的唇枪舌剑，不是蕴含着很多耐人寻味的人性的秘密吗？姚秀玲挑衅地送给赵玉良价值数万的西服和豪华轿车，并把李晓红精挑细选、讨价还价买来的衣服扔到垃圾箱里，这在李晓红内心应该掀起多么大的波澜啊，可作者只是写她"看着垃圾桶心疼得眼泪在眼眶里打转转"，"终于支撑不住了，一下子瘫坐在地上"，留给读者无尽的思索与回味。李晓红北京人的优越感被煤老板们的奢侈消费彻底击溃后，面对他们提出的帮助介绍部级以上的高官、赌资过亿的赌场的要求时，李晓红强撑门面的"一定，一定"的回答，不是已经充分地把她复杂细腻的内心世界呈现出来了吗？还需要作者越俎代庖地再帮我们"精神分析"一下吗？我觉得是没有这个必要的。可见借鉴传统手法，小说还是大有可为的。

文字艺术可以更自由地对人物性格与社会历史的联系进

行深入细致的挖掘。《煤老板》中最成功的两个形象是姚秀玲和赵玉良,这两个形象与经济、政治、文化制度的变革勾连得相当紧密:姚秀玲从被动地适应权力机制到主动地利用权力机制;赵玉良出身地主,在光明村处处受压抑,初到北京时获得做人的尊严,接下来在残酷的市场竞争和婚姻危机中失去自我。他们性格的发展,都是与社会历史的发展、故事情节的推进同步完成的。作者写出了人性的深度,并通过人物精神状态的变化,展示出社会历史变革中盘根错节的矛盾,把历史变革的脚步深深烙印在读者的心里。他们性格的发展,是靠许多生动的细节支撑起来的,这些精彩的细节所展示出的人物灵魂的悸动和细腻复杂的成长过程,靠影视是很难充分传达出来的,即便可以传达出来,也会失去耐人寻味的艺术魅力。

作者在塑造三大金刚时,虽然用了较多的笔墨,但三个形象并未因此丰富起来,因为作者没有在故事的发展中,把三个人物的性格继续向前推进,而是在他们心灵的大门外停住了。当然,未能写出人性的复杂性,并不意味着这三个形象是失败的,从整体布局谋篇来看,三个人物更多承担的是多侧面反映生活的功能,特别是有效增强了小说幽默诙谐的喜剧风格,因此还是给我们留下比较深的印象,传统小说正是靠这种类型化的人物来吸引读者的。赖奇、马少军、牛孬孬三个小混混,给读者留下的印象更清晰,这得益于作者漫画化的笔调。此外,作者还漫不经心地描写了一些次要人物,如王二蛋、李拴住、宋铁汉、老胡等,他们在作品中只出现几次,作者很吝啬地每次只给他们分配一两个细节,但这些细节都很"传神",能够从不同侧面反映生活,大大丰富了小说的血肉。

以上是由《煤老板》引发的一些肤浅的想法。希望写小说和关心小说的朋友,都能在研究读者、培养读者、引导读者方面做些工作,都来想想办法如何改善小说与读者的关系。同时,也希望能够读到作者更精彩的作品。

第七章　谍战小说的新突破
——评周大新长篇小说《预警》

阅读周大新的长篇小说《预警》,很容易联想到近年来兴起的间谍题材小说和电视连续剧的创作潮流,如《暗算》《风声》《潜伏》《地下地上》《密战》《谍影重重》《狂花凋落》《剑谍》《猎鹰1949》等。把《预警》与上述作品比较一下,不难发现其间存在明显差异,以及《预警》在谍战题材方面的新突破。

第一节　故事与人物形象

流行的谍战小说,多数是以讲故事为本位的,主要靠生动曲折或扑朔迷离的故事来吸引读者,而且都喜欢在险象环生的谍战中,穿插一些三角恋爱故事。这些小说中的人物,大多是没有主体性的,仅仅是为传奇性的故事(敌我双方武斗、智斗)服务的。周大新的《预警》则明显不同,它不是以故事为本位的,而是以人物为本位的。作者所关注的中心,不是故事的传奇性,而是故事中的人;不是人物的传奇性,而是通过人物来呈现当代人的精神状态。

《预警》的所有故事,都是围绕着孔德武的内心斗争展开的。孔德武是一个没有多少传奇性的普通人,不是一个能够扭转乾坤的超人。他与间谍之间的斗争,既不是武力的对抗,也不是智慧、智谋的较量,而是欲望与理性的冲突,这是有助于写出丰富的人性内涵的。潘金满为获取军事情报,利用孔德武的各种欲望,精心设置了一个个诱饵:先派出美女方韵,利用孔德武的爱美之心,一步步展开肉体诱惑;接着派出臧北,对孔德武的家人实施股票贿赂。前两招失败后,潘金满亲自登场,以战友的身份慷慨资助孔德武的女儿到澳大利亚留学(孔德武的妻子前往送行),然后利用孔德武的报恩心理,让他照顾患了抑郁症的"妹妹"潘金盈,潘金盈利用药物麻醉了孔德武,使他与自己发生了肉体关系,从而抓住了孔德武的把柄。最后是间谍分子以孔德武的个人荣誉、生命安全、妻子女儿的生命安全为筹码,要挟他提供军事情报。

在这样一个简单的故事中,作者对孔德武的内心世界进行了淋漓尽致的剖析,在行动(故事)与心理的相互激荡中,展示孔德武心理的发展过程。间谍分子的每个圈套,对孔德武来说,都是一场严酷的人性考验。故事情节的每一个新的进展,都会在孔德武的内心世界掀起巨大的波澜,引起他灵魂的悸动。在美女和金钱面前,孔德武在欲望与理性、坚强与软弱、坚守与放弃、向善与堕落之间反复博弈,最后他艰难地摆脱了美女和金钱的诱惑。但当潘金满为他女儿出国留学提供方便时,他却失去了"预警"的能力:"自己就像一条自以为精明的鱼一样,在钓饵面前左右徘徊,以为没有危险了,就猛地伸嘴咬住了钩。"①在间谍分子摊牌后,孔德武内心的斗争更为剧烈,他面临的已不再是金钱、美女和权力的诱惑,而是被对方抓住了最脆弱的软肋:自己的个人名誉与生命,妻子和女儿的生命安全。为了国家的安全,他可以放弃个人的名誉乃至生命,但在亲人的安全与国家机密之间抉择时,他失去了抵抗的能力而准备缴械投降。当最后获悉情报间谍要利用军事机密来破坏国家安全,有可能给人类带来巨大的灾难,他毅然决然地选择放弃妻子和女儿的生命。在最后的瞬间,一个大写的人站立起来。孔德武不失为一个英雄,因为他最后选择了正义。

《预警》的所有故事都是围绕着人的欲望展开的,从这个角度看,《预警》可以说是对人的欲望发出的"预警"。正如方韵所说的,在她加入间谍组织后,还没有见过没有被拿下的目

---

① 周大新:《预警》,北京十月文艺出版社,2009年,第284页。

标,"这倒不是说间谍组织有多么大的神通,实在是世上的每个人都有欲望,不是发财的欲望就是当官的欲望,不是出名的欲望就是性的欲望,不是物质的欲望就是精神的欲望,只要有欲望,就会被利用,这是没有办法的"①。人一旦屈从于"欲望"的摆布,就很难躲开人生的险境了。如何处置人的贪欲,一直是周大新思考的问题。在这个欲望被神化的年代,人的理性是极其薄弱的,任何非分的欲望都有可能破坏社会的秩序、个人生活和个人心灵的秩序:面对美女的诱惑,孔德武稍有软弱,便会出现家庭危机;面对股票贿赂的诱惑,孔德武稍有软弱,便会触犯法律;面对个人职位升迁,孔德武稍有软弱,便会加入买官卖官的行列;面对间谍分子的威胁,孔德武稍有软弱,便会危害国家的安全。既然欲望如此可怕,我们靠什么来抵制权、名、利、色的诱惑?靠什么来构筑理性的堤防?靠什么来维护人格的独立?靠什么来维持社会的秩序和心灵的秩序?这是周大新一直焦虑不安的问题,他也一直在寻找着能够抵制欲望诱惑的精神资源如:传统的共产主义信念与基督教信仰(如《浪进船舱》)、乡下人的伦理观念与原始正义感(如《21大厦》)、知识分子的人文传统(如《第二十一幕》)、乡村女性的宽容与善良(如《湖光山色》)等等。

---

① 周大新:《预警》,北京十月文艺出版社,2009年,第285页。

在《预警》中，作者也在寻找孔德武（或者说当代人）能够不屈服于非分欲望的理由，也在思考如何建立和巩固普通民众的理性堤防。孔德武在美女和金钱面前能够不堕落，家庭观念、政治责任感、国法军纪、法制宣传教育等都是能够把他从"欲望"的控制中解放出来的力量。他克制与年轻女人交往的欲望，数次拒绝方韵的邀请，是因为他怕毁了自己的政治前途和家庭。当方韵赤裸裸地暗示渴望做孔德武的情人，他的理性堤防即将崩溃时，妻子樊怡和女儿孔醒突然出现在他的脑海中，这才使他挣开了方韵的手，狼狈地快步向门口走去。老邱卖给他的《法制晚报》上"厅级干部雇凶杀死情人"的消息，使他对找情人的后果进行了理性的反思，决定彻底中断与方韵的交往，在他将要寄回方韵的钥匙的瞬间，他又软弱了，决定"不让二人的关系向情人发展，只做普通的朋友，稍微体验一下婚外的浪漫生活"。当他再次在欲望的驱动下去和方韵约会时，在路上偶遇女儿孔醒，他又开始自责，"再见方韵的迫切，陡然间没有了"，但脚步还是情不自禁地往前走，接着遇到荆长铭组织的参观贪官情人住所的反腐教育活动，而那个住所与方韵的住所竟然在同一个街道上，这才使他痛下决心彻底中断与方韵的交往。同样，孔德武能够战胜股票贿赂，是因为老邱卖给他的《京都晨报》上某高官"接受股票贿赂被撤职查办"的新闻，荆长铭组织的参观监狱、听取贪污渎职干部的自我忏悔的活动,使孔德武有了充分的预警。此外,物质、文化与审美的创造,也是人类升华自己欲望的一个重要途径。每当孔德武为邪恶的欲望所控制时,他便会转移自己的注意力,投入到《现代战争的预警》一书的写作中去。

周大新在谈到《预警》时说:"每个人都是正常人,有欲望的要求很正常,但有些人没有落入陷阱,是因为他有理性,能够对此进行分析,进行权衡。没有理性,就会完全被欲望的要求所裹挟。"这里所说的"理性",显然不是某种宗教信仰或者某种道德原则。周大新是一个有社会责任感而没有宗教信仰的作家,他在物欲汹涌中寻找人类自我救赎的精神资源时,没有一脚踏在某个救赎灵魂的舟筏上,或皈依佛,或皈依基督,或皈依纯美的艺术。周大新较多地保留了人间的情怀,他的写作不是自我灵魂的救赎,也不是对现实生活的逃避或简单的指责,这是他能够长期坚守在现实主义的基点上的重要原因,也是《预警》能够引领我们去思考这个社会、思考我们自身的重要原因。

我觉得,孔德武是一个富有人性深度和时代感的典型形象,是一个对当代人具有警示意义的典型形象。他所面临的诱惑,不仅仅是他一个人的,我们这个时代的每个人,特别是那些身在官场中的人,都有可能面临这样的诱惑;孔德武灵魂内部的斗争,也不仅仅是他一个人的,我们这个时代的每个成年人,都曾经历过或正在经历着或有可能经历这样的斗争;孔德武艰难的抉择,更不仅仅是他本人的,而是具有普遍意义的,我们这个时代的每个人,都有可能会面临这样的抉择。可以说,周大新抓住了一个孔德武,也就抓住了我们这个时代。读过《预警》,留在我们记忆里的,不是注定很快就会被忘记的故事,而是久久不能忘记的人物。与那些只有故事而没有人物的间谍小说相比,我觉得这应该是一个新的突破。

第二节 故事与生活经验

在答记者问中,周大新声明《预警》是"反恐小说",而不是流行的间谍小说。这个声明是符合小说实际的。《预警》虽写谍战,但与流行的间谍题材作品确实具有明显的差异。时下流行的间谍小说和间谍剧,多数不具备现实主义的品格。而且,它们大多是历史题材的,但又绝非严格意义上的历史小说或历史剧,它们不以呈现和反思历史为目的,而只是在某个历史背景(如抗日战争、解放战争、新中国成立前后)中虚构传奇故事来吸引接受者。因此,这些作品胡编乱造的痕迹太明显,大多缺少丰厚的历史内涵和鲜活的生活质感,没有传达出多少历史的经验和当代生活的经验,没有多少对历史与当代生活的严肃思考。而《预警》则不然,它具有强烈的当代关怀,凝聚着大量当代人实实在在的生活经验。

流行的间谍小说和间谍剧,大都采用假故事与真故事、表层故事与深层故事两相并置的写法,并最终揭晓谜底,让真故事、深层的故事颠覆假故事和表面的故事,以此引发读者探究故事真相的欲望。《预警》也是如此。小说上阕讲的是假故事,下阕讲的是真故事。但无论是在真故事还是在假故事中,作者都充分地传达出当代人的生活经验。方韵和潘金盈为欺骗孔德武而虚构出来的故事,故事虽然是假的,反映的生活却是真的:方韵被酒店老总性骚扰而不得不寻找新的工作,被丈夫背叛而决定过单身生活;潘金盈被男性一次次伤害,因此对男性彻底绝望,患上严重的抑郁症,丧失了幸福感,失去了生存的意义,多次自杀未遂。这些虚构出来的故事,深刻反映出当今女性的生存危机,具有一定的社会意义。

小说下阕讲的是真故事,反映生活也就更为深刻。潘金满、潘金盈、方韵等间谍分子身份公开后,他们在劝说孔德武提供军事情报时,都讲出了他们真实的人生经历,深刻地揭示出他们反国家、反社会思想滋生的社会原因。潘金满的妻子长期被单位的头头霸占,他一气之下打断了单位头头的一条腿,单位头头为报复潘金满而让他的妻子下岗,并动用手中的政治资源,如工商、税务、城管等,切断了潘金满的一切生财之路。为报复这个不公正的社会,他走上了破坏国家安全的情报间谍之路。潘金盈的父亲为官清正廉洁,但由于没有与市委书记同流合污,而被诬陷为"贪污罪",最后为捍卫自己的清白自杀身亡,母亲也被气死。为给父亲讨还公道,潘金盈四处上访,求助于法院、信访办、新闻媒体等,但无论如何也不能突破市委书记设置的障碍。有冤无处诉的潘金盈,只好向市委书记求饶,希望他能够主持公道,没想到却被市委书记猥亵,在反抗的过程中,她抓伤了市委书记,因此被大学开除并接受监外劳动改造。受尽各种屈辱的潘金盈,这才发誓要报复"令人绝望"的国家。方韵毕业后找不到工作,为了让患癌症的母亲得到治疗,她无可奈何地做了副市长的情人,得到一份优越的工作和大量非法收入。副市长因为受贿被判刑之后,她上缴所有财产才免于刑事处罚,但被开除了公职和党籍。她四处奔波赚钱,却难以应付重病在身的父母的高额医疗费和女儿的生活费,结果被间谍分子利用,并最终加入间谍组织。

这三位间谍不同于流行的谍战小说中传奇化、类型化的反面人物,他们与社会之间有着密切的关联,他们沦落为间谍的过程,也是对社会腐败的严厉控诉。与国际恐怖分子一样,他们窃取军事情报,不仅仅是为了获取经济利益,同时也是为了报复国家和社会,是为了"让这个世界恐惧、颤抖和痛苦"①,"这个肮脏的不公平的到处充满歧视的世界需要彻底改造！我们需要把它彻底打烂！只有打得稀烂才能重建一个新世界！"②对于恐怖分子反国家、反社会的思想与行为的内在逻辑,孔德武只能反复地阐释自己的国家观:个别腐败的官员不能代表国家,只有那些代表了大多数国人意志的人才能代表国家,不应该把对个别腐败官员的仇恨转移到国家身上。三位间谍分子对社会的控诉与孔德武无力的辩论,不能不引起读者对社会问题的严肃思考,使读者清醒地认识到,官场腐败和社会公正的匮乏,是滋生恐怖主义的土壤,要想根除恐怖主义,必须首先根除腐败。我认为,这是小说《预警》所发出的最重要、最深刻的预警。

周大新在讲述曲折动人的谍战故事时,难能可贵地坚持了现实主义立场,因此改变了流行间谍小说过分追求离奇情节和严重脱离现实生活的倾向,从而赋予谍战小说强烈、深刻的批判现实的功能,使谍战小说既有可读性,又有社会意义。这也应该是《预警》在谍战题材小说潮流中取得的新的突破。

---

① 周大新:《预警》,北京十月文艺出版社,2009年,第313页。
② 周大新:《预警》,北京十月文艺出版社,2009年,第314页。

第三节 谍战小说的社会效果

流行的谍战题材小说大多侧重于作品娱乐功能和消遣功能,而很少考虑作品改善社会与补益人生的功能。《预警》则不然,作者更多关注的是社会和人生。在答记者问时,周大新担心读者会觉得《预警》反映生活、批判生活不够尖锐。他这样说可能也有自己的苦衷:他所接触和体验到的现实生活中的阴暗面,可能很多很多,而且十分可怕,但考虑到作品的社会效果,他不得不有所回避,不得不对生活经验有所取舍。这是完全可以的,文学毕竟还要承担正面引导人的功能,没有必要让所有的阴暗面都进入到作品中。

《预警》处理这个问题时还是比较恰当的,既把社会问题摆在读者面前,又不至于让人感到太压抑太绝望。小说大胆地写出了恐怖分子的无孔不入和肆无忌惮,写出了社会中存在的严重问题,写出了人性的丑恶与理性的薄弱,但并未使我们对社会、对人感到绝望,而是让我们在绝望中不断地感受到希望和人性的温暖。作者有意让读者与孔德武一起经受人性的考验,去感受他一波三折的内心激荡:孔德武是一个和你我一样的普通人,面对金钱美女的诱惑,他也曾有过"心弦的颤动"和内心的软弱,在这个欲望膨胀理性薄弱的年代,这也不是什么不可以理解的事情。但作者并没有按照流行的"欲望决定论"的逻辑向前推进故事,孔德武心弦颤动几下后,还是坚守住了人的本分,战胜了美女和金钱的诱惑,使我们看到了人性的温暖和社会的希望,让我们感到现在还存在不屈从于邪恶欲望控制的人,还存在间谍分子们很难对付的正面的力量,连潘金满也不得不承认:"很多人告诉我,中国的军队已和政界一样腐败了,什么都可以用钱买来,看来他们的判断还不是很准确,他们得到的信息并不全面。"[①]孔德武被抓住软肋后,我们很担忧他能否经受住这个严峻的考验,但他最后还是站立起来了,坚守住了大写的"人"的尊严,我们为他而骄傲。孔德武不失为一个好人,我们不愿意让他死去,这个好人被毁灭的故事,是成功地获取了悲剧的效果的,从作者含糊处理的结尾中,读者的心灵是能够得到净化的。

荆长铭、程万盛,还有卖报纸的老邱,也让我们在不断的绝望中感到正义的力量。在阅读小说的过程中,我们也曾像孔德武那样,怀疑荆长铭、程万盛与孔德武的"战友"情,以为他们为了个人职位的晋升而对"战友"下手,但读到最后,我们才发现他们"战友"情的真挚与可贵:纪检部长荆长铭对腐败现象决不姑息,他几次组织的反腐教育活动,都给徘徊于正义

---

① 周大新:《预警》,北京十月文艺出版社,2009年,第251页。

与邪恶边缘的孔德武以切实的帮助。他对战友有原则有温情,当发现孔德武"生活腐化"的照片是真的时,他不徇私情坚决上报,当认识到孔德武可能是被人陷害时,他多方奔走为战友讨还清白,当发现孔德武与潘金盈的"暧昧"关系时,他尽到了战友的规劝之责。这种真挚的战友情,绝不像间谍分子潘金满说的:相信"战友"是迂腐的,只能"部分地相信双方签了名的合同和协议,完全地相信手中的金钱和武器,除此之外谁也不要相信"①。卖报纸的老邱,在作品中一共出现了4次,所有文字加起来不超过2000字,直到最后他的真实身份(国家安全局工作人员,专门负责跟踪国际间谍分子)公开,我们才突然意识到,尽管间谍分子十分猖獗,连孔德武这样优秀的人都被他们控制了,但他们的恐怖活动还是时时处于国家的掌控之中的,我们国家对于恐怖活动,还是具有强大的"预警"能力的。如果没有这些人物,我们真的会感到生活没有任何亮色和希望,读者可能就会因此而认同间谍分子们反国家反社会的论调,从作品中得到反社会的情绪。有了这些人物,情况就不同了,读者从作品中获得的是严肃的思考,即如何去改良这个社会。

总的来说,《预警》之所以给当前流行的间谍小说创作带

---

① 周大新:《预警》,北京十月文艺出版社,2009年,第254页。

来了一股清新的风气,是因为作者没有把文学视为消闲解闷的手段,没有放弃文学改良社会、改良人生的使命。读者从《预警》中获得的,绝不仅仅是惊险和刺激,而是无法回避的人生;不仅仅是好奇心的满足,而是悲剧对灵魂的净化;不仅仅是猜谜或智力的游戏,而是对灵魂的拷问;不是轻松愉悦的,而是苦涩沉重的;不是暂时的兴奋,而是持久的思索;不是对社会与人性的憎恨,而是对社会与人性的同情。

第八章 史料的挖掘与历史的阐释：评刘增杰的文学思潮研究

刘增杰教授长期致力于文学思潮研究，主要著作有：《鲁迅与河南》（河南人民出版社，1981年）、《文学的潮汐》（河南人民出版社，1992年）、《战火中的缪斯》（河南大学出版社，1992年）、《迟到的探询》（河南大学出版社，1996年）、《云起云飞：20世纪中国文学思潮研究透视》（上海文艺出版社，1997年）、《发现与阐释——现代文学史料知见录》（中国社会科学出版社，2015年）等；选释《抗战诗歌》（河南大学出版社，2005年）等；主编《抗日战争时期延安及各抗日民主根据地文学运动资料》（山西人民出版社，1983年）、《中国解放区文学史》（河南大学出版社，1988年）、《精神中原》（河南大学出版社，2002年）、《师陀全集》（河南大学出版社，2004年）、《中国近现代文学思潮史》（上海文艺出版社，2008年）。

从以上成果来看，刘增杰是高度重视文献、史料工作的意义的,他甚至还把是否尊重文献、史料上升到20世纪民族国家命运的高度进行考量。他在不断搜集抢救史料的基础上,不断拓展自己的思考空间和研究领域。尽管他一再言说在中国现当代文学历史发展的无序性、规律的内在隐蔽性面前,自己只是归纳了个人的一些感受,但他不断以自己的生命感悟对研究对象进行重新追问、重新审视的过程,还是逐渐向我们展示出百年文学思潮本身的丰富性和复杂性,在学界产生了重要影响。全面评述其学术贡献,并非一篇短文所能胜任,这里仅对他的学术思路和研究方法做一简要介绍和评析。

第一节 "视界融合":历史与当代的对话

为有效避免当代阐释的主观性与随意性,超越自身价值观和特定历史处境的局限,刘增杰主张通过大量的史料研读,回归到历史语境中去把握研究对象的真实,他很形象地把这种研究方法称为"回到原初""回到历史的现场"。[1] 在解放区文学研究中,他一贯反对主观化、情绪化的批评:既反对历史亲历者们对该研究对象的"一味颂扬","把对历史的怀念混同于冷静的文学批评",又反对轻视解放区文学创作和文学批评

---

[1] 刘增杰:《回到原初》,《中国现代文学研究丛刊》1997年第4期。

的史料积累,不进行艰苦的大量的阅读和思考,而只凭主观印象任意发挥,按照"当代"的需要随意颠覆历史。在他看来,研究主体和研究对象之间由时间距离和历史情景变化所引起的差距,是任何研究者都不可能完全消除的,只有依靠大量原始史料的研读,才有可能缩短这种距离。

因此,刘增杰高度重视原始史料在文学思潮研究中的重要作用,高度重视最基本的史料建设工作。在20世纪80年代初,有感于严酷的战争环境对解放区珍贵文学史料的大量破坏,在当时普遍轻视解放区文学史料收集整理这一基本学术工作的环境下,刘增杰和课题组成员赵明、王文金等经过近五年的艰苦跋涉与调查访问,获得了大量的第一手资料,相继推出解放区大型资料选编《抗日战争时期延安及各抗日民主根据地文学运动资料》(上、中、下三册),为解放区文学研究奠定了坚实的史料基础。在《迟到的探询》《精神中原》《师陀全集》《抗战诗歌》等书中,刘增杰在史料的搜求稽考上更是勤奋细致,这些著作都成为相关研究领域中重要的参考史料。

正是大量史料的挖掘与整理,使刘增杰建立起严格的历史意识,确立了史家的自信,同时也铸就了他论从史出的严谨的学术品格。《中国解放区文学史》能够展现解放区文学活动空间的多样性,"开拓了一个新兴学科,给中国现代文学史增添了新枝"①;《迟到的探询》能够使学界认识到"解放区文学理论批评并不是那样整齐划一和舆论一律,实际上也存在着不同的声音和活跃的争论,呈现出丰富复杂的状貌"②;《战火中的缪斯》关于抗战文学思潮复杂的生成环境的分析,在抗战文学思潮研究中具有开拓性,"由于他联系了当时战争的进程,政局的变动和由此引起的文学思潮的大调整,使人看到文学思潮嬗变的深刻内在缘由,所以具有认识的深度和厚度"③。20世纪90年代以来,他能够及时、准确地抓住解放区文学研究的症结,并积极地引导解放区文学研究朝着"历史化"的方向深入。所有这些研究成果的取得,都是和他多年来在史料问题上的苦心经营分不开的,都是和他尊重和敬畏文献与史实的学术追求分不开的。

刘增杰注意通过原始材料回归到研究对象所处的历史语境,并非进行纯粹的史料堆积,把文学史研究等同于史料学。他所追求的目标是视界融合,他试图把当代的问题意识和严格的历史意识结合统一起来,在历史与当代的不断对话中达到对研究对象的全新理解。他认为:"任何时代的文学,它的

---

① 冷柯:《拓展与深化——读〈中国解放区文学史〉》,《中国现代文学研究丛刊》1989年第3期。
② 张先飞:《解放区文学研究的"新的添加"——读〈迟到的探询〉》,《中国现代文学研究丛刊》1996年第3期。
③ 黄修己:《中国新文学史编撰史》,北京大学出版社,1995年。

积极成分和消极成分,它的思想价值和艺术价值,从来不能即时即地暴露无遗,需要在以后的历史发展中逐渐得到明确的判断。"在文学进程尚未充分展开时,批评家与研究对象过分贴近,容易造成研究的缺陷和误读。所以在返回历史语境回到原初的同时,还应与历史情绪适当地拉开距离,用时代赋予人的理性去发现历史中被遮掩的真相,在尊重前人、体贴前人的基础上反思他们在创作和批评中存在的问题,从而加大与历史的摩擦力度,实现和历史的真正交流和对话。

这就是刘增杰时常强调的"文献生发学术","从文献(史料)出发,然后跨越文献直抵研究佳境",为了抵达研究佳境,他主张"走向文献的深处,做到回到原初与充分发挥研究者主体性的统一",主张研究者应该破除长期不变的文化心理定式,摆脱权威效应的干扰,保持心灵的自由状态。如果没有对研究者主体性的高度重视和反复自省,我们很难想象他能够在当时的历史条件下对以赵树理、孙犁、王实味等为代表的解放区文学创作提出新的见解,更不用说在20世纪80年代初期对解放区文学讴歌的浪潮中,能够以文学史的形态冷静客观地研讨其局限性。

重视和尊重研究中的历史意识,使他能够回到原初,避免了当代的傲慢和偏见,避免了仅从一种观点、一个角度出发去提纯历史,掩盖文学史发展演变的丰富性和复杂性。重视和尊重当代研究主体的自主意识(当代视界),使他的研究具有明显的社会效用:在视界的不断融合对话中寻求自身及人类逐渐摆脱僵化的二元对立思维模式,形成开放性心理素质和多元的价值取向的道路。事实上,归还解放区文学丰富多彩的原貌,以开放的心态对待各种不同的文学思潮,这本身就有助于开掘研究者们的思维深度,丰富人们的思维层面。

第二节 宏观研究与微观研究统一,思潮研究与审美评价并重

文学思潮史的优劣,除了大量史料的收集整理和钩沉外,还取决于史家驾驭史料的能力,取决于史家的史观史识。在研读大量史料的基础上,刘增杰认为历史是连续性与非连续性、有序性与无序性的统一。他反对在过分的理性意识、责任感的支配下把纷繁复杂的思潮流派简化为一条清晰有序的线索,为了文学史和思潮史的连续性,而把一堆堆史料中所呈现的非连续性和丰富多彩的文学现象排斥于研究视野之外;在单向思维和线性因果律的支配下,把各种文学思潮相互差异、并列、重叠、交叉的原生性历史景观简化为一个线性的图表。

刘增杰认为:也许文学思潮自身所呈现的某种模糊性和若隐若现的连续性才更接近于历史的真实。在这一文学思潮

史观的引导下,他在描述20世纪文学思潮史时,极其重视通过剖析具体的创作实践、文学流派、文学现象以逼近文学客观历史进程的原生形态,由点及面地展现一个时期的文学风尚和概貌,并从历时性的角度描绘出文学思潮发展演变的历史轨迹。他最早给予肯定的晋察冀边区关于三民主义现实主义问题的讨论,对我们深入理解抗日形势的变化、统一战线政策对解放区文学产生的深刻影响,具有一定的启迪意义。他正是在对《文学与生活漫谈》的争论,关于中国小资产阶级作家估价问题的讨论,关于《腊月二十一》《丽萍的烦恼》以及丁玲、王实味等具体现象的描述中,达到对解放区文学较为准确的整体把握的,从而发现了解放区文学的另一个面向,一改解放区文学研究的苍白与单调,使人们认识到解放区文学曲折而复杂的发展历程。

20世纪是我国民族心理嬗变最为深刻的时期,也是各种文学思潮变化最为剧烈的时期。为了实现对20世纪文学思潮发展的历史形态的科学描述,勾勒百年文学思潮研究的轮廓,揭示百年文学思潮研究中某些带有普遍性的特征,他高度重视近200年文学思潮发展中起着关键作用的人物,先后对龚自珍、梁启超、王国维、鲁迅、胡适、周作人、郭沫若、茅盾、胡风、周扬等文学家、文学思潮家给予了格外的关注和重点的细部微观研究与描述。同时,又精心研读了从20世纪初到20

世纪末的文学思潮研究著作数百部,思潮研究论文不计其数,从而形成了自己的思潮史观和阐释历史的方式:只有通过多重观察的"视界融合",才能展示出20世纪中国文学思潮发展的曲折性、丰富性和思潮研究工作的艰巨性。

文艺的审美功能在文学思潮演进中的遭遇和命运,是他始终关注的一个重要问题。在具体作品的分析评价中,他高度重视挖掘其审美意蕴,试图沟通社会历史批评与文本批评,寻找作品风格形式与时代精神(意识形态)之间的内在联系。他在文学思潮的变迁中细致考察了梁启超的散文风格、丁玲小说创作模式以及姚雪垠早期语言风格的变化,把宏观的政治、文化思潮研究和具体的文体文类研究结合起来,既向我们展示了蕴藏在文学现象深处的丰厚的精神宝藏,又向我们打开了一扇扇五彩缤纷的艺术之窗。譬如,通过解放区"另类"作品的考察,揭示解放区文学审美品格的丰富性;在抗战诗歌研究中力排众议,在大量搜集、整理、研读抗战诗歌的基础上,总结出抗战诗歌独具的美学形态:"在20世纪中国诗歌的发展史上,抗战诗歌在艺术上有自己独特的创造。比如诗歌形象美与形式美的统一和谐;在雄浑风格基础上多样化风格的探索,甚至一些政治小诗也淀出了清澈;小叙事诗平里出奇、险中取胜的情节追求;诗歌语言的口语化,以及有弹力、有流动感、具有音乐美语言的营造;具有广场效应的诗的形式;诗与歌的融合更使诗歌产生了穿云裂石的神力。如此等等,都是对20世纪诗苑的丰富。特别是,就诗歌走近读者、贴近读者来说,抗战诗歌是任何一个时期诗歌所不可比拟的。"[1]从这些文字中,不难感觉到刘增杰在文学思潮研究中对审美性的关注。

第三节 链条意识与人文情怀

刘增杰总是把自己的研究对象作为文学发展和民族精神发展的一个链条和中间环节,这取决于他严格的历史意识和将过去与未来联结起来的预见性眼光。他认为"解放区文学是救亡文学思潮在新的历史条件下的发展,是19世纪以来中国救亡文学思潮历史长链中的重要一环",所以他将自己的目光上溯到近代乃至古代去寻找解放区文学民族意识张扬、群体意识强化的历史根源,同时把文学思潮作为社会思潮、政治思潮、文化思潮所构成的体系中的一个环节加以研究。在《云起云飞:20世纪中国文学思潮研究透视》中,为实现对百年文潮的科学描述,他引入了"过渡时代"的概念:"'过渡时代'既同过渡时代之前的时代有别,但又有血肉联系;它既同过渡时

---

[1] 刘增杰选释:《战鼓声声》,《抗战诗歌》,河南大学出版社,2005年。

代之后的时代不同,但这过渡之后又是由过渡时代蜕变而来。"为此,他从旧文学(包括文学观念、文学形式、文学语言、文学体式)大的震荡之初(19—20世纪之交)寻找中国现代文学思潮研究的发端。但我们注意到,无论是解放区文学研究还是百年文学思潮研究,他的注意力还是集中在当前,集中在未来。他的解放区文学研究,是为了找寻解放区文学研究对20世纪中国文学发展所施加的深刻影响,是为了找寻影响和制约当代文学与当代生活曲折发展历程的深刻原因,是为了刻绘中华民族精神发展的一个片断,把过去的经验和教训运用于当前。他对百年文学思潮研究的透视,对五代文学思潮研究者的考察,都是为了推动文学思潮研究的发展,为其提供有益的借鉴,是为了迎接"文学研究、文学思潮研究将变得更为冷静,文学本体的把握将代替非文学的干涉,多样化的研究格局将代替单一的研究视域,宽容的理解将代替狭隘的你死我活的论战。文学研究将变得互补、典雅、尊严,更贴近生活,也更超越生活"的新世纪的收获。通过触摸思潮史来面向未来,虽然是慢了些、笨了些,但相比百年中国学界某些急功近利之风,这种研究则更显扎实严谨。

"链条意识"还体现在具体的科研活动中,他在河南大学中国现当代文学学科建设中发挥着承前启后的重要作用。20余年来,河南大学文学院以任访秋、刘增杰、刘思谦、孙先科为中心形成了一个坚强而富有活力的学术梯队,他们把近现当代文学研究者扭结到一块,共同攻关。20世纪80年代初,现代文学课题组为解放区文学研究打下了坚实的史料基础,在完成《中国解放区文学史》的编撰工作后,从80年代后期到90年代初,又先后完成"中国近现代文学研究丛书"(共六本)、《19—20世纪中国文学思潮史》的研究课题,宏观地勾勒出近一二百年中国文学思潮发生发展的轨迹,深受学界好评。90年代以来,他们又筹划出版了《中国近世文学思潮》与"百年文潮丛书""明伦学术丛书",对一些重要的近现当代文学思潮和文学流派进行了多角度的、跨学科的深入探讨和研究,把文学思潮研究推进到一个更为精专的境界。目前,在他的影响与参与下,河南大学近现当代文学研究队伍正在将宏观的文学思潮研究与精细的文本研究结合起来,从而拓展了文学思潮研究的范围,把文学思潮研究推向一个新的境界。

"批评家高度自我实现时,批评一方面表现为科学,一方面表现为艺术。"刘增杰把重科学实证和逻辑思维的学者精神和重直觉感悟和形象思维的人文情怀统一了起来。在他眼中,百年文学思潮是一个有机的生命体系,他经常使用文学性的语言来描述自己对百年文学思潮的感悟,古都开封的自然人文景观时时给他的文学思潮研究以哲理性的启迪:古城墙时时让他感受到历史的凝重,使他在感觉中追求生活的真谛,在想象中开拓研究对象的深意;坚毅的铁塔使他备感抗战时期文学绝不向侵略者屈服的文化品格,铁塔的单调而蕴含丰富使他联想到解放区文学貌似单调一律之下的丰富多彩,启示他只有做到宏观把握与具体描绘的统一,文学思潮的研究才有可能接近文学发展的实际,从而窥视一代文学风貌;龙亭三湖的交错相通,使他以宽容的目光、客观的态度审视现实主义、浪漫主义、现代主义你中有我,我中有你,相互挑战、互补、交流、融合甚至消解自身的发展历程;杨家西湖上空变幻莫测的白云使他参悟到近世文学思潮来去匆匆、忽聚忽散、形态多变的状态,意识到用某种单一的视角、价值尺度和方法不可能得到文学思潮变幻的真谛。以具体的意象来表达抽象的道理,极大地释放了语言的表现力,使他的思潮研究细密深刻而富有灵气。我们很难说清这是他在大量实证材料面前艰苦内省反思的结果,还是瞬间的顿悟。不过,也许只有如此形象性的语言才能展示出非线性的由滞而缓,由缓而急,急中有回流,回流中又有新的冲突和流变的节奏变换的文学思潮发展的真实状貌。

第九章　中国当代文学史研究的困境与出路:评程光炜著《文学史的兴起》

近些年来,由于知识界的分化,中国当代文学研究出现杂语共生的良好态势,但也存在一些问题。譬如,持不同价值立场的学者,对中国当代文学史的叙述出现严重分歧,相互之间唇枪舌剑,很难真正对话与沟通。这有点像"盲人摸象",摸到尾巴的说它是根绳子,摸到腿的说它是根柱子——当代文学史因此被切割为不同问题的碎片。在这一困境中,研究者如何摆脱各自的片面性以达到对中国当代文学史的整体观照,如何在多元对话中呈现当代文学史的丰富性和复杂性,如何清理不同的文学史叙述之间的关系,使它更深更广地介入当代文学实际的发展历程中去,已成为一个必须认真面对的问题。程光炜教授近三年的研究成果集《文学史的兴起》(河南大学出版社,2009年)在这方面迈出了坚实的一步,特别是在研究方法上给我们很大的启发。

第一节 "批评化"与"历史化"

当代文学研究界分歧越来越大的原因是多方面的,这可能与研究者不同的生活经验、兴趣爱好、知识结构和研究对象有关,但最重要的是当代生活所赋予研究者的不同的价值立场所致:研究者已经习惯于在价值论的层面上叙述历史,而不习惯于在认识论的层面分析历史;习惯于到历史中寻找与自己的价值立场一致的文学资源,而不习惯于搁置自己的价值立场尽可能全方位地向历史开放。

对思想史与文学史的研究而言,鲜明的当代问题意识和价值立场固然重要,严格的历史意识更为重要。过于强烈的当代意识或过于鲜明的价值立场,常常会干扰、阻碍乃至破坏我们对历史真实的认识和把握,使我们陷入以今律古的迷津。唯其如此,程光炜教授才会一再反思当代文学史研究的"批评化"倾向。他认为,文学批评具有很强的当代性,很难摆脱当代文化语境的制约,"瞬息万变的知识信息、文化话题和各种文坛潜在压力,无时不在左右、干扰和改变着批评者对文本的看法和选择"①。文学史研究则必须警惕当代价值观念的引

---

① 程光炜:《魔幻化、本土化与民间资源——莫言与文学批评》,《当代作家评论》2006年第6期。

导和控制,如果不能和当代生活拉开一定的距离,不能摆脱批评性结论的干扰,就不能对文学批评做出理性的过滤、归类和反思,就会产生文学史研究的"批评化"倾向,阻碍当代文学史学科的"历史化"。为了推动学科的"历史化",程光炜把研究的焦点集中在不断变化的当代文化语境与不断变化的文学批评、文学史研究的关系上,深刻地揭示出当代文学史研究每个环节(史料的发掘整理、文学史经典的确立与重释、文学史秩序的建构与颠覆等)中当代文化语境不可抗拒的影响力。

史料的发掘与整理是文学史研究中最基础性的工作,不少学者是毫不怀疑这一工作的"客观性"的。程光炜在研读不同时期文学资料选编的基础上,对这种"客观性"的神话提出了质疑。他发现,貌似客观的史料整理工作,也很难摆脱当代语境和当代文学观念的支配:"研究者自以为是'客观'的材料,实际是经过当代语境的挑选和淘汰的,并不具备真正的'客观性',而是符合新的历史语境要求的'客观性'。"近年来出版的不少资料汇编,有意无意淡化和遗忘革命文学和文学遗产中的社会主义经验,就是当代语境干扰的结果。而且,史料的发掘与整理工作,还在很大程度上以"文学批评"的方式参与了当代文学史的建构:"'资料汇编'并不是一种纯粹的技术性工作,而是反映了编选者整理、压缩或扩充历史想象的叙述意图,代表着他'重构历史'的大胆想法。"①我觉得,这一看法是切中时弊的,我们现在有许多标榜"论从史出"的论著,实际上并不具有严格的历史意识,而是先预设一个文学史的结论,然后到历史中寻找证据,辛辛苦苦挖掘出大量的史料,证明的却是一个人人皆知的相当平庸的观点。

文学经典的确立与重释,是文学史写作和文学史重写的关键环节。一种文学史叙述的合法性能否确立,关键取决于它能否确立自己的文学经典并颠覆异己性的文学经典。因此,中国当代文学史叙述的每一次转化,都是通过对文学经典的颠覆与再建来实现的:1949—1976年的"当代文学"通过拒绝"现代文学"的经典和不断确立新的经典,完成了自己的文学史叙述;新时期通过解构红色经典和再建新的经典,实现了文学史的重写。20世纪80年代文学潮流频繁更迭,也是在经典的不断颠覆与再建中进行的。② 程光炜认为,文学经典的确立与重释,同样受制于当代语境:新时期之初,《班主任》被确立为经典,是因为它的文学叙述与当时的历史语境、文学成规、文学批评等制度化环境形成了一种非常匹配的关系;而《艳阳天》《金光大道》被去经典化,则因其有悖于"拨乱反正"

---

① 程光炜:《"资料"整理与文学批评——以"新时期文学三十年"为题在武汉大学文学院的讲演》,《当代作家评论》2008年第2期。

② 程光炜:《经典的颠覆与再建》,《当代作家评论》2005年第3期。

的意识形态。①"现代派"作家拒斥革命现实主义文学经典,推崇西方现代派文学经典,是与改革开放的大环境相一致的,其目的在于把中国当代文学纳入"世界性"的文学格局中。②由此而审视当前通过重读红色经典以重评"十七年文学"的学术潮流,我们不难找到其意识形态的根源和动机。

相比之下,程光炜更为关注不断变化的文学史的叙述与不断变化的"当代语境"的内在关联,不同时期的文学史知识生产与当时的意识形态的内在关联,以及不同的文学史叙述对异质性的文学现象所造成的压抑和遮蔽。作者发现,同一时期的历史在不同时期可以有不同的叙述方式:20世纪80年代中后期,文学史家在"拨乱反正""走向世界"的意识形态的支持下,通过把1949—1979年的"主流文学"边缘化、"非主流文学"主流化的方式,建构出一个关于20世纪80年代"主流文学"的整体化的文学史叙述。在20世纪90年代以后的大众文化和后现代思潮中,当代文学史的叙述再次发生重大变化,80年代确立的"主流文学"又经历了一个不断被改写和质疑的过程,其内部的"差异""歧义""分裂""多种可能性"被揭示出来,从而形成一幅多层化的20世纪80年代的"主流文

---

① 程光炜:《当代文学学科的"历史化"》,《文艺研究》2008年第4期。
② 程光炜:《二十世纪八十年代的"现代派文学"》,《文艺研究》2006年第7期。

学"图景。① 他还以近年来的孙犁研究为例说明:以"后革命时代"的文化心态(文化保守主义、消费主义等)研究革命时代的文学史,很难保证历史不会因此而走形变样。许多左翼作家因此被从"革命文学"的精神谱系中剥离出来。孙犁等作家的作品中长期被压制的花鸟虫鱼、风花雪月、小资情调、道德中心意识、儒家文化精神等"非革命"元素扬眉吐气,变成比"革命"更有价值的东西。在这个关涉到如何评价传统文化、传统美学与革命文化、革命美学关系,如何在今天的语境中重新"安放"后者的文学史位置的重大问题上,我们不难感受到当代价值观念在重塑历史中的巨大能量。②

面对文学史研究中当代语境无处不在的影响力,程光炜并未放弃对文学史的"客观性"的追求。为了使文学史研究更具有历史感,他倡导"有距离的研究"和"文学史研究的研究",主张把既有的文学经典、批评性结论、文学史、文学成规、制度以及研究它们的方法作为研究和反思的对象,以揭示出文学史更为复杂的内在机理。这一研究思路已不是通常意义上的文学史研究,而是一种自觉的学术史研究和文学史哲学研究:

――――――――

① 程光炜:《文学史与八十年代"主流文学"》,《清华大学学报》2007年第3期。
② 程光炜:《孙犁"复活"所牵涉的文学史问题》,《文艺争鸣》2008年第7期。

历史哲学的研究对象是研究历史的方法,或者说客观的历史与历史叙述的关系;而程光炜更为关心的,也正是中国当代文学的客观"历史"与中国当代文学史"叙述"之间的关系。

很明显,这项工作是有很大难度的:一方面需要摆脱当代语境的干扰,通过大量史料的阅读回到历史现场;另一方面又不能无视当代生活的存在。我们不难发现,程光炜在倡导"历史化"的同时,更对当代文化问题有着持续不断的热情,对当前(由启蒙、新儒学、后现代、后殖民等文化思潮所构成的)复杂难辨的文化状况有着敏锐的洞察和深刻的理解。但他并不满足于仅仅对当前的文化问题进行理性分析或者做出某种价值判断,更不赞同按照当代的需要去随意地解读历史。他关注当代文化的最终目的,还是为了考察当前复杂的文化语境与当代文学史研究的关系,为了理清不同的文学史知识谱系所产生的时代根源和它们之间更为复杂的内在联系,并以此推动中国当代文学史研究的"历史化"。

第二节 对启蒙文学史观的反思

在《文学史的兴起》中,有不少质疑"启蒙"的文字,有人据此认为作者是反启蒙的。这显然把复杂的问题简单化了。事实上,程光炜并不是在价值论的层面上批判启蒙的,他所反思的只是站在单一的启蒙立场上叙述文学史,从而简化了文学史的丰富性和复杂性。这些文字很容易使我们想起赫尔德和柯林伍德对启蒙历史观的批判。赫尔德认为,启蒙者的历史观是非历史主义的,他们把野蛮与文明、无知与理性截然对立起来,对符合启蒙理念的历史现象大力渲染,不符合的则简单排斥,这是很难充分介入到复杂的历史中去的。柯林伍德也认为,启蒙的历史观"不是真正历史的;在它的主要动机上,它是论战性的和反历史的"①。

中国现当代文学研究中的启蒙文学史叙述,同样存在着论战性的、批评化的非历史主义倾向。我们知道,在20世纪80年代之前的那种高度意识形态化的("新民主主义—社会主义")研究范式中,反帝、反封的革命文学成为文学史的主流,而游离于反帝、反封之外的启蒙文学、市民文学则被压抑和遮蔽。20世纪80年代中后期,"启蒙"现代性(人性、人道主义、个人主体性、文学主体性等)的评价体系逐渐取代了旧的评价体系。在新评价体系中产生的文学史叙述,同样具有明显的意识形态诉求,其潜在的动机是到文学史中去寻找声援拨乱反正和改革开放的精神资源。这种实用主义的文学史研究,成功地清算了极左教条对人与文学的戕害,开拓了20

---

① [英]柯林伍德:《历史的观念》,中国社会科学出版社,1986年,第88页。

世纪文学研究的空间,但同时也造成了新的遮蔽:中国现当代文学中有利于新意识形态的文学资源被无限放大,而不利于新意识形态的文学资源则变成可有可无的存在。

程光炜一再反思的正是这个问题。在他看来,五四新文学是极其丰富、复杂的,没有理由把它简化为单一的"鲁迅精神",简化为自由主义的或启蒙主义的文学,更没有理由把这一被简化的"五四传统"作为臧否20世纪文学的绝对标准,一味地抬高自由主义的文学而贬低、排斥革命的文学。他不赞同把"十七年文学"简化为"革命压倒了启蒙"的文学、个人与文学的主体性失落了的文学,把20世纪80年代文学简化为接续了五四新文学传统的新启蒙的文学、个人主体性与文学主体性复归的文学。他认为这种本质化、整体化的文学史叙述,严重压抑了对"十七年文学"和20世纪80年代文学的多样化的解读,遮蔽了两个时期文学内部的复杂性、冲突性和文学形态的多样性。细心的读者不难发现,支持他反思启蒙文学史叙述的,并不是某种明确的价值观念,而是一种难于遏制的寻找原生态的中国现当代文学史图景的冲动,他更感兴趣的问题是:"如何重新识别被80年代所否定、简化的50年代至70年代的历史/文学?它们本来有着怎样而不是被80年代意识形态所改写过的历史面貌?另外,哪些因素被前者抛弃而实际上被悄悄地回收?哪些因素因为'新时期文学'转型而受到压抑,但它却是通过对历史'遗忘'的方式来进行的?"①

应该指出的是,程光炜对启蒙文学史的反思,除了出于推动当代文学学科"历史化"的考虑,也有着明显的当代性考虑。尽管新历史主义认为一切历史都是想象性的建构与叙述,历史学家不可能客观地、科学地复原过去而只能从现在的视野中构造过去。但不可否认的是,一种历史叙述是否具有权威性和生命力,除了取决于它能否最大限度地介入历史的经验中去,还取决于它能否最大限度地介入当代生活中去。在这一点上程光炜是很清醒的。他认为,固守 20 世纪 80 年代以"拨乱反正""寻找自我""走向世界"为核心价值的启蒙立场,已经很难和复杂的当代生活形成良性对话关系。因为时代语境已经发生了巨大变化,20 世纪 90 年代以后,西方资本和经济全球化的大肆入侵,已经把中国全面而深入地卷入到世界历史的进程之中,如何坚持本土化立场以迎接全球化的严峻挑战,如何以文学的方式思考当代的历史和现实问题,如何以文学的立场来反抗全球化与大众文化的全面侵略,已经成为一个十分严峻的当代问题。当国际上的不平等和国内贫富差异日渐加剧时,被启蒙话语颠覆了的民族、民主主义革命,社

---

① 程光炜:《历史重释与"当代"文学》,《文艺争鸣》2007 年第 7 期。

会主义革命和建设,已经开始呈现出历史的与现实的合理性。如果仍然站在启蒙的(个人主体性和文学主体性)立场上,强化革命历史和革命文学的封建性和专制性,遮蔽其反抗资本压迫的民主性和批判性,就会使文学研究失去一个十分宝贵的精神资源。

不可否认,在新的历史语境中,文学创作变得更复杂了,已经很难被整合到文明/愚昧、现代/传统、文学/非文学、中国/世界等二元对立的启蒙文学史框架中。更重要的是,随着大众消费文化的崛起,知识界出现了新儒学、新左派、后现代、后殖民等文化思潮。在这些思潮的影响下,当代文学史研究出现了不同于20世纪80年代的新的叙述方式。在近年来重评革命文学、"十七年文学"、"文革"文学、新时期文学的浪潮中,被启蒙文学史过滤掉的更为丰富复杂的文学现象逐渐浮出水面,启蒙作为一种历史话语的局限性也随之呈现出来。这就把坚守以及曾经坚守启蒙立场的学者推向了一个两难的困境:如果固守启蒙立场,唯我独尊地排斥其他文化思潮,刻意回避当代生活和当代文学研究中出现的新问题,会不会使自己丧失应对现实生活的能力?继续不加反思地以一种预设的、凝固的启蒙理念叙述历史,那是不是在20世纪80年代既有结论的基础上做重复性的研究?反过来,如果放弃启蒙的立场,会不会彻底瓦解20世纪80年代所建立的文学史秩序?

会不会使现当代文学研究自觉不自觉地向过去的"新民主主义—社会主义"的评价体系靠拢？会不会使过去被否定了的东西再次成为新的学术时尚？

这种两难的困境也困扰着程光炜的学术研究。他一方面在反复探究启蒙文学史叙述所造成的压抑和遮蔽，另一方面又对那些试图谋取话语霸权的新的文学史叙述充满警惕，不赞成完全否定启蒙的文学史叙述。譬如，他曾投入大量精力反思启蒙文学史叙述对"左翼文学""十七年文学"的扭曲和颠覆，但对当前轰轰烈烈的"底层文学"讨论却并无好感。作为一位曾经坚守启蒙立场的学者，他曾对革命文学与革命文学史的专制性和排他性有过深入的研究①，因此在反思启蒙问题时，他没有像某些学者那样走向反历史主义的极端。在他看来，有些学者所倡导的"底层文学"的口号，有着浓厚的意识形态功利目的，是"左翼文学"对中国文学的再度强行"命名"，是要把中国文学拉回到为政治服务的老路上去。在这里，他似乎又回到了自己曾反复质疑过的启蒙的"纯文学"的立场。他不赞成在启蒙的话语中为"伤痕文学"大唱赞歌，为此而深入剖析"伤痕文学"作家群体与体制之间的微妙关系，认为他

---

① 参考程光炜的《文学想像与文学国家——中国当代文学研究（1949～1976）》，河南大学出版社，2005年。

们在当时文化语境的控制下没有充分传达出真正的历史经验。①但当某些学者从"民族国家"等时髦理论重新评价"伤痕文学",彻底否定"伤痕文学"中的历史记忆时,他却起而维护伤痕文学,认为"伤痕文学,实际就是一种'重新记忆"文革"'的文学。它的历史角色和历史责任,是要把那些'抗争性的记忆'(个人记忆)引入公众领域,变成公众记忆的一部分。而人们今天重提伤痕文学的历史记忆,其意义即在阻止那种将'个人记忆'从'公众记忆'中撤出,建筑另一种'公共记忆'——与真正的'公众记忆'事实上无关的所谓'公众记忆'的行为"②。在这里他似乎又回到启蒙文学史的叙述中了。

这种看似矛盾的论述,其实并不矛盾,它是由作者对不同的文学史叙述的双向反思而产生的,从中我们不难体会到他的真正意图和良苦用心:他一直警惕主流文化对非主流文学和多元文学现象的压抑和歧视,试图通过权衡各种文学史叙述的关系,以便敞开更多的历史经验和历史记忆,使文学史研究更深更广地介入历史和当代现实中去。但要做到这一点,仅凭着良好的愿望是不行的,它关键取决于研究者如何更新自己的研究方法和思路。这是我想谈的第三个问题。

---

① 程光炜:《"伤痕文学"的历史局限性》,《文艺研究》2005年第1期。
② 程光炜:《"伤痕文学"的历史记忆》,《天涯》2008年第3期。

第三节　多角透视和多重话语分析

　　站在单一的价值立场上叙述历史,是不可能把全部文学史实包含进来的,它总是在照亮了一些史实的同时而遮蔽另一些史实,从而损伤文学史的丰富性和复杂性。这是一个曾令许多历史哲学家苦恼不已的问题。海登·怀特曾因此而慨叹:"一个历史叙事必然是充分解释和未充分解释的事件的混合。"①柯林伍德认为,每个历史学家都以自己的角度来观察历史,"所以,一个历史学家只能看到事实真相的一个方面;即使有无数的历史学家,也总是有无数的方面未被看到"②。当然,这不是说研究者不能有自己的价值立场和观察历史的角度。通过不同立场的研究者之间的广泛协作,也可以深化文学史的研究。但我们现在的问题是,不同价值立场的研究者相互排斥,很难通过对话与协作形成学科的共识。

　　为了超越"管中窥豹"式的文学史研究,程光炜自觉采用了价值中立的多角透视和多重话语分析的研究方法,试图在整合不同立场的学术资源的基础上,形成一种更具有包容性

---

①　[美]海登·怀特:《后现代历史叙事学》,中国社会科学出版社,2003年,第63页。
②　[英]柯林伍德:《历史哲学的性质和目的》,《历史的话语:西方现代历史哲学译文集》,广西师范大学出版社,2002年,第195页。

的文学史叙述。从作者的研究实践来看,这种方法是可取的,也是有效的:它有利于把被单线索的文学史叙述所遮蔽的文学史现象呈现出来,把由各种因素的互动与冲突而构成的复杂多变的文学史图景揭示出来。比如,既往的文学史研究,从政治文化的角度进行文学史的分期,它突出了同时期文学的共同性和不同时期文学之间的差异性与断裂性,而忽视了同时期文学内部的差异性和不同时期文学之间的延续性。之所以如此,是因为研究者对不同时期的"主流意识形态"的理解过于单一,而忽视了"主流意识形态"并非铁板一块,而是由不同的甚至截然对立的话语构成的一种动态性的思想结构。因此,每个时期(特别是新旧转折时期)的文学生产,都不可能是在单一的政治文化环境中进行的,其本身常常呈现出多重话语相互冲突、碰撞、融合、转化的复杂状态。只有通过多重话语分析的方法,才能对这种复杂的状态做出更为有效的清理,才能更为客观地揭示出不同时期文学之间更为复杂、隐蔽的历史联系。

我们注意到,程光炜在描述中国现当代文学的转型时,没有简单重复"革命压倒了启蒙"的历史判断,而是通过细致剖析鲁迅、郭沫若、茅盾、巴金、老舍、曹禺等人在旧社会的生活、写作经验与新的历史语境、文学规范之间的复杂关系,较为客观地呈现出五四话语、革命话语与个人经验之间的内在张力。① 作者特别关注现代文学传统对当代文学创作的潜在影响,在细读韩少功的《爸爸爸》时,他发现了鲁迅和沈从文所代表的"现代"与"寻根"两个传统对韩少功的制约:"他把反差很大的两个文学文本强行嫁接、叠加和强扭成一个文本,实际让人看出,《爸爸爸》在'改造国民性'与'文化寻根'这两个文学创作和精神向度的预定目标上似乎都不太到位,多多少少有一些勉强和顾此失彼的感觉。我感到了他的为难,不仅仅在对鲁迅与沈从文的选择和接受上,而且也在因为选择和接受了这两种文学影响所必须面对的小说本身的谋篇布局上。"

由于采用了多重话语分析的方法,作者在反思20世纪80年代文学方面取得明显的突破。既往的文学史著大多站在激进的思想和艺术革新的立场上叙述20世纪80年代文学,这种叙述方式突出了"伤痕文学""反思文学""改革文学"与寻根文学、先锋文学等文艺新潮的主线索,遮蔽了80年代文学内部的分歧和张力(如人道主义与马克思主义、启蒙话语与民族国家话语、民族化与现代化、客体与主体、反映论与主体论、工具论与本体论、群体与个人、普及与提高、人民文学与人的文学、"向外转"与"向内转"、理性与非理性的尖锐对抗)。程光

---

① 参考程光炜的《文化的转轨》,光明日报出版社,2004年。

炜通过对新时期文学规范、文学批评的多重话语分析,不仅还原了"十七年文学"和新时期文学多线索的历史联系,而且充分发掘出新时期文学内部的矛盾和分歧。在他看来,新时期文学规范建立的过程是极其复杂的:在拒绝排斥"十七年文学"成规的同时,也有意无意地吸收了后者和它的文学规律。传统的文学成规通过稍加改造悄悄进入了"思想解放"的崭新话语谱系当中。它作为一个潜在的文学成规,仍然牢牢控制着文学创作的评奖、选稿、办刊,以至于对一部具体作品的分析和评论,成为文学筛选制度中一个相当稳固的监督因素。①在新时期文学批评的内部,同样存在激进派与保守派的尖锐分歧,新时期的文学批评方式虽然在逐渐发生变化,但强大的传统力量并没有离去,它只不过是偶尔改换了面目而已。②更为可喜的是,作者还把多重话语分析的方法成功地运用于具体的文本研究,通过考察多种话语在不同时期的小说文本中相互纠缠、对抗、博弈的关系,展示文学史本身的丰富性和复杂性。发表于《海南师范大学学报》2006年第6期的《革命文学的"激活"》一文,就是这种"以诗证史"研究方法的成功范例。作者紧扣王蒙小说《布礼》的主题意蕴、人物形象、表达方

---

① 程光炜:《文学"成规"的建立》,《当代作家评论》2006 年第 2 期。
② 参考程光炜的《文学的紧张》《当代文学批评方式的转移》《批评对立面的确立》等文。

式和艺术结构展开分析,准确而精当地辨析出存在于"旧文学规范"与"艺术创新"之间的复杂的文学史问题:革命文学作为文学史上有影响的"通行规则",它的主题潜力和表达方式在新时期并未完全丧失,大多数"伤痕文学"作品都是通过对它的戏仿、改写和场景置换等方式,成功地进入新时期文学的。在"现代主义"还没有代替"现实主义"而成为新的文学"成规"时,"革命"仍然是供给《布礼》的一个重要"资源"。在我看来,这一系列文章都是围绕着一个中心问题展开的,即从不同角度勾勒出被单线索的文学史叙述所遮蔽的文学史线索,使 20 世纪 80 年代文学呈现出其原有的"复调"特征。

也正是出于多角度透视当代文学史的愿望,程光炜对近年来出现的文化研究寄予厚望。他认为,借鉴文化研究的方法,可以拓展文学史的研究空间,把作家作品的生产和传播置于现代教育、社会体制、现代文化、现代出版、政党制度以及大众文化传播的多重视野中,从而使得文学史上原先被遮蔽、压抑和淡出的许多研究对象走上研究者的案头,作为一种研究文学史的方法,"它不仅要厘定文学史的外围,而且也要深入到文学史内部,对组成文学史的多重成分和因素进行比较性的分析"①。收入在《文学史的兴起》中的《四十年代:文学杂

---

① 程光炜:《文化研究:中国现当代文学史的多样观察》,《文艺争鸣》2005 年第 3 期。

志与现代都市》《四十年代与文人集团》《试论四十年代的文学环境》等文章,正是依循这一思路展开的,作者通过对20世纪40年代文学杂志、文人集团、文学出版的多角度透视,切入到对20世纪四五十年代之交"文学转型"问题的思考,可以说是借鉴文化研究方法以深化中国现当代文学史研究的成功个案,这也是值得我们重视的。

第十章　关于中国当代重要作家年谱编撰的几点想法——以《韩少功研究资料》为例

程光炜老师在《文学年谱框架中的〈路遥创作年表〉》中，提出要有计划地推进当代重要作家年谱的编制工作，这是一个非常及时的、有着良好前景的学术倡议。我想结合《韩少功研究资料》（廖述务编，天津人民出版社，2008年）中的《韩少功传略》与《韩少功作品目录》，以及编者在此基础上编撰的《韩少功文学年谱》（《东吴学术》2012年第4期），谈谈我对这一问题的看法。

第一节　年谱与作家履历

20世纪80年代，有些出版社曾经持续不断地出版过一些当代作家的研究资料集，进入20世纪90年代后，这一工作因出版业市场化转型而中断。近年来，天津人民出版社接续了这一传统,推出"中国当代作家研究资料"丛书,已出版王蒙、韩少功、苏童、余华、王安忆、贾平凹、王小波卷,这无疑是值得高度肯定的。但若以现代作家资料整理所达到的高度来看,这套丛书还存在着不小的问题。在我看来,如果能给上述作家编撰出较为完善的"年谱",其文献参考价值和史料积累的意义,可能会比现在提高许多。而长期以来,由于缺乏资料完备、准确的"作家年谱",中国当代重要作家作品的辑佚、整理工作一直无法展开,当代文学史料的建设与积累也因此而长期成效不大。若能有计划地推进当代作家年谱的编撰,则可以突破制约当代文学史料建设的"瓶颈",使其步入良性发展的轨道。

任何种类的历史研究,都离不开史料的积累。作为一种传统学术形式,编订"年谱"是积累史料的良方,而"年谱"又是史学研究的重要基础。梁启超在《中国历史研究法补编》中,曾高度肯定"年谱"对历史研究的意义。鲁迅也曾指出:"分类有益于揣摩文章,编年有利于明白时势,倘要知人论世,是非看编年的文集不可的,现在新作的古人年谱的流行,即证明着已经有许多人省悟了此中的消息。"[①]王瑶在新时期之初,也提出"由年谱入手,钩稽资料,详加考核,为科学研究提供必要

---

① 鲁迅:《且介亭杂文·序言》,《鲁迅全集》第 6 卷,人民文学出版社,2005 年,第 3 页。

的条件"①的设想。上述看法,都值得当代文学史研究者高度重视。

一般来说,成功的"年谱"在叙述谱主的家世、履历、交友和创作时,要尽可能"详尽细致",应该在"考订事迹之详""排定年月之细"上见功力。而《韩少功传略》对作者履历的介绍,则显得过于粗略,编撰者只是求其大概,而未能详考作者履历,只是按照"年度"进行粗略整理,而不是按"年""月""日"进行细致排定,以致履历中出现许多重要的"空白"。在"年谱"编撰中,下功夫填补这些"空白",其文献价值会有明显提升。遗憾的是,作者在《韩少功传略》的基础上完成的《韩少功文学年谱》,虽加入了一些新的史料,但由于受到编撰思路、年谱的篇幅以及采集资料的范围的限制,对韩少功履历的介绍仍然显得较为单薄。当然,这不是要否认编撰者为此所付出的艰苦的努力,我只是想以此为例,来探讨"年谱"在推动当代文学史料建设方面所可能起到的作用。

《韩少功传略》对作家履历的叙述过于粗略,是因为编撰者占有的史料不够,采集资料的范围还不够大。作家履历需多方搜求,百般考证,方能做到"纤悉无遗"。在作家自述、访

---

① 王瑶:《郁达夫生平的发展线索——温儒敏著〈郁达夫年谱〉序》,《王瑶文集》第7卷,北岳文艺出版社,1995年,第164页。

谈、档案、书信和日记中,甚至在作家的小说和诗文中,都可找到相关的线索。除作家本人的著述外,从其周围前后有关人物(亲友、编辑、研究者)庞大而散乱的著述中,也可以搜索到一些有益的线索。因此,要想写好作家"履历",首先就必须尽可能多地占有各方面的资料,并对其进行披沙拣金、芟汰冗杂、排比归类等精细的考订工作。比如,《韩少功传略》提到"1979年3月韩少功随团访问中越边境",而他何时归来,有何见闻与感受,都是语焉不详,如参照韩少功大学同学骆晓戈的《韩少功印象》,是可以解决这个问题的。再比如,笔者在撰写《韩少功的编辑生涯与文学创作》时发现,《韩少功传略》只提供了韩少功主编《主人翁》《海南纪实》《天涯》的大致年份,而韩少功主编上述刊物时,是与哪些人合作的?他做了什么工作?遇到了哪些波折?这对他的价值观念与文学观念产生了什么影响?这些问题无论在传略还是在后面编选的资料中,都是其情未详。笔者反复追索发现,张新奇、林刚、蒋子丹、徐乃建、叶之蓁、王吉鸣、陈润江、罗凌翺、杨康敏和赵一凡等,都曾参与《海南纪实》的编辑工作,如果把他们关于《海南纪实》的零散文字吸纳进来,韩少功的这段履历至少会比现在丰富许多。作者对韩少功主编《天涯》杂志的叙述,也是详而未尽,因为他仅仅参考了韩少功的《我与〈天涯〉》,如参照其合作者蒋子丹的《结束时还忆起始》(《当代作家评论》2003年第

5期)、王雁翎的《〈天涯〉故事》(《中华读书报》2004年10月27日)、李少君的《〈天涯〉十年回顾》(《北京文学》2007年第8期)和《〈天涯〉十年:折射中国思想与文学的变迁》(《文艺理论与批评》2006年第2期)等文章,也可以使韩少功的这段履历更清晰些。

其次,年谱对作家履历的介绍,还要尽可能"宏博",应该通过履历的追索,呈现出丰富的历史信息。清代史学家章学诚说过:年谱作为一种文体,"有补于知人论世之学,不仅区区考一人文集已也"①。也就是说,好的作家年谱应该能够通过一个人看到一个时代,通过一个作家的生活经历、教育与阅读情况、重要社会活动和文学活动、个人交友等等,提供丰富的文学史发展演变的信息,应该能够以传主的活动为中心,复原当时文坛的复杂的网络结构。作为新时期以来的重要作家,韩少功曾引发过多次思想论争和文学论争,联系的作家与学者非常多,纠结着当代文坛复杂的人事关系,它构成了韩少功成长的"具体环境",对韩少功的思想情感、文学观念乃至文学创作,都产生了不小的影响,这自然也应该在年谱中得到尽可能全面的反映。

比如,在韩少功创作起步时,黄新心、胡锡龙、甘征文、莫

---

① 章学诚:《韩柳二先生年谱书后》,《章学诚遗书》,文物出版社,1985年,第70页。

应丰、张新奇、贺梦凡、贝兴亚等文友间的相互激励,老作家李季、严文井以及文学编辑王朝垠对他的提携,这类文人交往行为,就应该成为年谱中的重头戏。再比如,韩少功主编《天涯》以及任海南省作协主席、文联主席期间,王蒙、莫言、张承志、苏童、李锐、蒋韵、张炜、方方、迟子建、于坚、杨炼、李国文、张贤亮、毕飞宇、黄平、汪晖、李欧梵、李陀、刘禾、南帆、王晓明、温铁军、王绍光、陈嘉映、周国平、赵汀阳、朱学勤、韩德强等人曾来海南讲学。"马桥事件"①发生后,也有大量作家卷入其中,史铁生、何志云、汪曾祺、蒋子龙、方方、李锐、蒋韵、何立伟、迟子建、余华、乌热尔图联名上书中国作协,要求为韩少功辩污。韩少功2000年迁入湖南省汨罗市八景乡新居,李陀、刘禾、李锐、方方、蒋韵、贾梦玮等人曾先后来此拜访。此外,韩少功还与许多外籍人士有过交往。在这些交往者的论著与相关的新闻报道中,都留下了零散的相关资料,对其进行整理、考订,可以呈现出韩少功的文坛"交游图",这不仅有助于认识韩少功的思想和文学观念的发展演变,而且对研究其他作家也会有所助益,倘若年谱编撰能够形成规模,自然也会有助于中国当代文学史研究的整体深化。

---

① 注:1996年韩少功出版《马桥词典》后,张颐武和王干等批评该书抄袭,"终归不入流品",因而引发了所谓的"马桥事件""马桥之争"。最后,韩少功起诉评论者侵犯其名誉权,并获得胜诉。

第三,年谱在叙述作家的履历时,要善于"选精择粹",而不要变成对作家生活起居的烦琐记载。作家年谱不仅仅是资料的汇编,更应该是在深入研究作家的基础上提炼出来的浓缩的精华。因此,要重视"时事"(重要历史事件,不断变化的政治、文化与文学思潮等)对作家的影响,重视能够反映作家思想和艺术观念变化的"关键"史料。应该说,《韩少功传略》基本抓住了作家生平、思想、艺术观念的重大转变,但在"时事"与"作家"关系的挖掘上,还做得远远不够。诸如韩少功少年时代所受的教育对其一生的影响,20世纪80年代时而宽松时而紧张的政治文化思潮对韩少功创作的影响,韩少功在"文革"中所受教育与他20世纪90年代以后所坚守的理想主义(注重实践、关注民生)之间的关系,文学思潮对韩少功的影响以及韩少功对文学思潮的影响,等等,都需要在材料上进行深入的挖掘。

第四,《韩少功传略》在介绍作家履历时,体例上也有些混乱无序,没有严格按照年、季、月、旬、日的顺序展开叙述,有不少时间上的大幅度跳跃和事件的提前抑后,这也是对相关史料的占有和分析不够造成的。撰写年谱经常会遇到这样的情况:现有公开出版的资料,不能填补作家履历的某些"空白"。这就需要耗时费力地访问作家的亲友与知情者,建设和积累新的史料。也常会遇到这样的情况:尽管穷尽了一切办法,还是有些史实不能确证。这就需要定论缓作,按统一的规范"存疑",如日考订不清的写旬,旬考订不清的写月,月考订不清的写季,季考订不清的写年。用旬、月、季、年表述的条目,一般要放在该旬、月、季、年的末尾,而不应像《韩少功传略》那样随意。传统的年谱采用这样的体例,是有很大好处的。一方面便于读者翻检,另一方面也有利于后继者补遗拾缺。许多作家年谱就是在反复补充和修订中日臻完善的,模糊的"年"和"季"逐渐被具体的"月""旬""日"取代。

依据现有的资料,韩少功的许多社会活动和文学活动是可以具体到"日"的,而《韩少功文学年谱》却没有在这方面下功夫。此外,为便于研究者参阅,年谱在征引资料时,应该注明资料的出处,对有争议的问题要列出考证的过程,对遍寻而不可得的重要史料要详细收录。在履历介绍的体例方面,《韩少功文学年谱》相比《韩少功传略》虽有改进,但还有很大的提升空间。

第二节 年谱与作品目次

好的作家年谱,应该具有目录索引的功能。梁启超认为,年谱记载文章的体例,最好是"文集没有,别处已见的遗篇逸文,知道是哪一年的,也记录出来。文体既很简洁,又使读者得依目录而知文章的先后,看文集时,有莫大的方便"①。年谱对作品的收目,理应巨细靡遗。不可否认,《韩少功作品目录》是迄今为止收目最多的,可惜遗漏和错讹太多。已出版的"中国当代作家研究资料丛书"中,也都程度不同地存在这个缺陷。当然,像"作品系年""作品目录"这类资料性质的工作,要一下做到全部翔实可靠、无所遗漏,是很困难的,但编撰者必须具备求全求真的理想,为后继者奠定一个良好的基础,使史料的钩沉补遗、考订错讹能够展开。在这套丛书中,文章编目工作做得最好的当属王蒙卷,这也是因为有先期资料整理的良好基础可供参考,可以省却许多考证的功夫。

《韩少功作品目录》的收目,截止于2006年。笔者正在进行《文学报刊与中国当代文学》(资料卷)的编撰工作,随手翻阅手边的一些地方刊物,竟发现几十篇没有收入《韩少功作品目录》的"佚文"。湖南是韩少功的故乡,《芙蓉》、《湘江文艺》(后更名为《文学月报》《湖南文学》《文学界》)、《长沙文艺》(曾改名《新创作》)、《洞庭湖》等湘籍刊物,对韩少功来说有近水楼台之便,他应该在这些刊物上发表不少作品。笔者重点检索、翻阅这些刊物,发现没有被收进目录的作品有:《志愿军指挥员》(《湖南日报》1979年5月20日)、《宝塔山下正气篇——

---

① 梁启超:《中国历史研究法补编》,《中国现代学术经典:梁启超卷》,1996年,第438页。

记任弼时同志在"抢救"运动中与康生的斗争》(《湘江文艺》1978年第4期)、《调动》(《文艺生活》1980年,期次待考)、《人人都有记忆》(《湖南群众文艺》1980年2月)、《离婚》(《洞庭湖》1980年创刊号)、《近邻》(《洞庭湖》1982年1—2月)、《同志时代》(《芙蓉》1982年,期次待考)、《美丽的眼睛》(《芙蓉》1996年第5期)、《韩少功致本刊的一封信》(《芙蓉》1999年第3期)、《访法散记》(《湖南文学》1993年第3期)、《烂杆子》(《湖南文学》1995年第6期)、《关于文学……》《生活选择了我》《土地》(三篇均见《文学界》2005年第5期)等,而没有发现的,可能还会有许多。

韩少功发表于其他地方刊物的作品,也有许多没有收目,如:《山路》(《广东文艺》1978年第4期)、《孩子与牛》(原题为《晨笛》,《芳草》1981年第1期)、《反光镜里》(《青年文学》1982年第2期)、《诱惑(之一)》(《文学月报》1986年第1期)、《祝贺〈作家〉创刊三十周年》(《作家》1986年第10期)、《文学散步(三篇)》(《天津文学》1987年第11期)、《美不可译时的烦恼》(《文学角》1988年第1期)、《艰难旅程》(《特区文学》1988年第1期)、《小说似乎在逐渐死亡》(《四川文学》1992年第10期)、《走亲戚》(《福建文学》1993年第12期)、《那年的高墙》(《光明日报》1993年8月7日),《余烬》(《上海文学》1995年第1期)、《马桥人物(两题)》(《小说月报》1995年第9期)、《记忆的价值》(《萌芽》1996年第2期)、《我们的残疾》(《鸭绿江》1997年第1期)、《行为方案6号》(《红豆》2002年第6期)、《山居笔记(下)》(《钟山》2006年第5期)等。

编制作家年谱时,必须考证文章发表的原始刊物。《韩少功作品目录》的编者做了大量的考订工作,其耐心和细致不容否定,但有些出过单行本的长篇作品,编者却未标明其原始出处。而注明原始出处是年谱编写必须遵循的基本规范,原因有三。其一,作品在刊物上发表时,带有更多的原初形态,它们是与诞生时的复杂的社会语境联系在一起的,文学编辑们在刊出作品时,往往会考虑是否刊发头条,在什么栏目刊出,是否附加编者按、创作谈和评论文章等问题,从同期刊出的作品、社论乃至广告等,可以看出作品刊发时的整体文化氛围,从中更容易发掘出有价值的文学史信息。其二,便于进一步发掘作家的佚文。比如,韩少功的《马桥词典》刊发于《小说界》1996年第2期,能够把如此重要的作品交给《小说界》,说明韩少功与该刊编辑有着非常好的人际关系,这种关系一般是具有持续性的。笔者顺藤摸瓜,果然在《小说界》上发现一些尚未收入《韩少功作品目录》的作品如:《灵魂的声音》(1992年第1期)、《祝〈小说界〉百期》(1998年第6期)、《山居心情》(2006年第3期,《山南水北》节选)等。其三,可以避免以讹传讹,确保年谱的文献价值。在《韩少功作品目录》中,有许多文章出处的错误比如：《战俘》原载《湘江文艺》1979年第1－2期合刊，而非第1期；《飞过蓝天》原载《中国青年》1981年第13期，而非第15期；《文学的"根"》原载《作家》1985年第4期，而非第6期；《暗香》原载《作家》1995年第3期，而非第2期；《情感的飞行》原载《天涯》2006年第6期，而非第5期。上述错误显然是简单抄录第二手的文集和研究论著，而没有仔细地核对原始报刊造成的。

从现代作家年谱的编撰经验来看，在编写"作品目次"时，最大的"软肋"是搞错作品刊发的时间、颠倒作品刊发或出版的时序，这会使年谱的学术价值大打折扣。当然，要准确把握谱主思想与艺术观念的变化，最好能够考证重要作品的写作时间，但当代作家大多没有标注写作时间的习惯，而有的作品写作时间和发表时间相距很久，因此在确定作品目次时，对这类问题也需要重点关注。

此外，《韩少功作品目录》是按照"短篇小说""中篇小说""长篇小说及传记""纪实性散文""思想性随笔""文论""序跋""对话、访谈及演讲""杂谈、小品及其他"等不同的文体，对韩少功作品进行分类并按先后顺序编目的。编者为考究每篇文章的类别，肯定下过一番功夫，这有助于读者把握韩少功不同文体的创作情况。但这种分类整理也破坏了不同文体的作品所产生的先后顺序，不符合年谱编写的规范。不如按照传统规范,把不同文体的作品夹杂一处,而在作品篇目后注明文类,以便于研究者把握作家思想与创作发展的轨迹。我们知道,各文体之间并无严格的界限,对于极力倡导"跨文体写作"的韩少功来说尤其如此,要想对其作品进行归类,难免会出现各种混乱。譬如,在"短篇小说"和"中篇小说"部分,编者同时收录了《那晨风,那柳岸》与《火宅》;在"思想性随笔"和"文论"部分,同时收录《感觉跟着什么走?》;在"思想性随笔"与"杂谈、小品及其他"部分,同时收录《民主的高烧与冷冻》;在"思想性随笔"和"文论"部分,同时收录《好"自我"而知其恶》;在"文论"与"对话、访谈及演讲"部分,同时收录《八十年代:个人的解放与茫然》《文学:梦游与苏醒》等。而重复收目,在年谱的编撰中是不允许的。

指出《韩少功研究资料》的遗漏、错讹和不规范问题,并非否定编撰者的劳绩,而是考虑到作家年谱在积累史料方面的作用甚至要超过全集、文集和传记,只有具备了规范而完善的作家年谱,拾遗补阙工作才能展开,资料建设上才能走上良性发展的轨道。

第三节　年谱编撰与史料整理

《韩少功研究资料》的编撰者耗时费力,而未能臻于完备,也是有其客观原因的,这可能与当代文学史料建设的整体滞后有关。迄今为止,高质量的当代作家年谱还很少见,在体例上接近现代作家年谱的,仅有庄汉新的《周立波创作年谱》(《徐州师范学院学报》1981年第4期)、燕绍明的《欧阳山年谱》(《新文学史料》1988年第1期)、吴永平的《姚雪垠创作年谱》(《新文学史料》2003年第3期)、陆志成的《陈登科创作年谱》(《徐州师范学院学报》1985年第2期)、周启祥的《魏巍生平与创作年谱简编》(《河南师大学报》1984年第2期)、艾以的《王西彦年谱》(《青海师范大学学报》1988年第3期)、盛海耕的《公刘年谱》(《杭州教育学院学报》1990年第3期,1991年第1期)、曹玉如的《王蒙年谱》(中国海洋大学出版社,2003年)等,其谱主多为跨越现代、当代的作家,而编撰者多为现代文学研究者。其他许多当代重要的作家,有的也推出了"作家小传""作品系年""作品目录",但无论在学术质量还是在学术规范上,都无法和现代作家年谱相比。

我同意程光炜先生的看法:可以借鉴现代文学界整理史料的经验和方法,来推进当代重要作家年谱的编制工作。在近30年间,现代文学史料建设取得了良好的成绩,先后推出许多大型的史料索引工具书,如:唐沅等主编的《中国现代文学期刊目录汇编》,吴俊、李今、刘晓丽、王彬彬主编的《中国现代文学期刊目录新编》,北京图书馆编《民国时期总书目

(1919—1949)》,贾植芳、俞元桂主编的《中国现代文学总书目》,封世辉编著的《中国沦陷区文学大系·史料卷》,万一知、苏关鑫的《抗战时期桂林文艺期刊简介和目录汇编》,上海社科院文学研究所现代文学研究室、上海图书馆特藏部文献组编的《上海"孤岛"文学报刊编目》,王大明、文天行、廖全京编的《抗战文艺报刊篇目汇编》等。上述工具书的出现,有力地推动了现代文学史料的整理与建设,因为史料的钩沉辑佚必须具备相对完善的文学报刊、图书的目录汇编。据我所知,几位在编制现代作家年谱、发掘现代作家佚文方面卓有成绩的学者,虽然也会漫无目的地到原始报刊中寻找史料,但他们也会依赖各种目录汇编,在目录汇编中发现有价值的信息后,再去翻阅原始报刊查找原文。

现代文学史料工作者,在文献辑佚整理工作方面,也积累了丰富的经验。比如,作家全集的编撰、作家回忆录和传记的书写、作家年谱的编制,是可以相资相益的,年谱编撰者会从作家全集、作家回忆录和传记中获得重要的史料线索,而作家全集、传记也会受益于年谱的编撰。通常来讲,现代文学研究者们更为看好的是作家年谱,因为年谱是浓缩的精华,其中的史料的线索要比全集和传记丰富,此谓学界流行的"年谱胜于全集"的说法。这种说法当然不是否定全集和传记在史料积累方面所起的作用。事实上,正是上述几种史料整理工作的相互配合,推动了中国现代文学史料建设的发展,使得现代文学史料的辑佚、钩沉工作成为可能,特别是大量作家全集的出版,使得集外佚文发掘蔚然成风。不少"全集"出版后,又推出"补遗"本,而作家的年谱也总是在不断修订。现代文学史料建设的整体水平,就是在这样慢慢的积累中不断提高的。

而当代文学资料的整理工作,虽已取得了一些成绩,但与现代文学相比还存在不小的差距,"这种工作无论规模、连续性和系统性都不能与现代文学的资料建设相提并论"[①]。由于史料建设整体滞后,当代重要作家年谱的编撰,还面临着诸多需要解决的难题。

首先,最基本的文学报刊目录汇编工作尚未展开。没有完善的文学报刊目录汇编,无论是从事作家研究资料的整理,还是作家年谱的编撰,都是非常困难的。与过去相比,我们现在有了"中国期刊网""维普""报刊目录索引""读秀"等电子检索工具,这为资料的整理与年谱的编撰提供了极大的便利,我们再也不必像20世纪80年代初的资料整理工作者那样,为了某些较为常见的资料,也要东奔西跑,耗时费力。当时信息闭塞,搜集资料艰难,很多资料的整理工作都要依赖作家,由作家提供"作品目录""研究论文目录"和文章的复印件。为了

---

① 程光炜:《文学年谱框架中的〈路遥创作年表〉》,《当代文坛》2012年第3期。

寻找一篇文章,为了搞清某篇文章的出处,史料工作者们不得不与作家反复地书信往还,效率低下。当时的史料建设就是在种种不利的条件下取得了骄人的成绩。

但是,现在我们也不能过分依赖电子检索,因为"十七年""文革""新时期"的许多地方文学报刊,甚至某些名刊大刊,尚未录入检索系统;许多重要作家的重要作品,还沉睡于布满灰尘的原始报刊中,得不到挖掘和利用。我们不难发现,《韩少功传略》和《韩少功作品目录》以及《韩少功文学年谱》的撰写,更多依赖的是电子检索系统,收入检索系统的篇目大多被收目,而没有录入检索系统的文章则只能付之阙如。可见,尽快进行中国当代文学报刊目录汇编的编撰工作,是当代文学史料建设急需解决的问题。前不久,听说程光炜主编的《中国当代重要文学报刊目录汇编》即将竣工,期待此书能够早日出版。

第二,年谱的编撰往往依赖于作家的全集、选集、评传、回忆录、书信、日记等,在这些方面,当代文学也明显滞后于现代文学。因为现代作家多已谢世,其创作已进入"完成时",大多出版了全集,许多作家的书信、日记也随着全集出版而得到广泛的征集与整理。而当代的重要作家,其创作尚处于"正在进行时",出版的大多是选集,书信、日记尚未进行整理刊布。因此,编撰当代作家年谱,更多依赖的只能是那些残缺不全的、鱼龙混杂的选集文集。以韩少功的文集为例,目前出版的影响较大的有《东岳文库·韩少功系列(全8册)》(山东文艺出版社,2001年)、《中国当代作家·韩少功系列》(人民文学出版社,2008年)等。这些文集中的作品,只标明文章发表的刊物和年份,而具体期次则不详,而且有大量文章发表的年份被搞错了,也有不少作品的原发刊物搞错了,这可能是韩少功编选文集时记忆有误造成的,而后出的文集则以讹传讹。笔者依据上述选集到报刊中查阅文章期次,曾多次误入歧途,劳而无功,深感当代文学史料建设所存在的问题之严重。

由于当代文学史料建设整体滞后,编制作家年谱时采集资料的范围本来就不大,这就更需要对现有资料进行充分开掘。但遗憾的是,上述韩少功文集中的许多作品,并未进入《韩少功传略》《韩少功作品目录》与《韩少功文学年谱》,以致出现"年谱不如选集"的奇怪现象。年谱提供的资料线索比作家选集还要少,其参考价值就大打折扣了。梁启超在谈到年谱的起源时曾说:"只因本集太繁重或太珍贵了,不是人人所能得见,所能毕读的;为免读者的遗憾起见,把全集的重要见解和主张,和谱主的事迹,摘要编年,使人一目了然。这种全在去取得宜,而且还要在集外广搜有关系的资料,才可满足读者的希望。"①连"集内"的资料都没有充分吸纳,怎么能够让读者满意呢?在韩少功"集外"的资料中,目前尚未见到其书信和日记出版,但已经出版的韩少功的两部传记——何言宏、杨霞的《坚持与抵抗——韩少功》(上海人民出版社,2005年)、孔见的《韩少功评传》(河南文艺出版社,2008年),都披露了不少韩少功的第一手资料,同样也没有被《韩少功传略》和《韩少功文学年谱》充分吸纳。我觉得,编撰作家年谱是一项惠及学界的事业,是不妨大胆地互通有无的,只要尊重同行们的原创性劳动,在征引文献时注明出处就可以了。

第三,缺乏重视史料积累的良好学术环境和学术风气。现代文学年谱的编撰能够取得良好的成绩,得益于新时期以来现代文学界重视史料积累的良好学术环境,佚文发掘与整理蔚然成风,出现一支人数众多的史料辑佚整理队伍,出现丁景唐、马良春、朱金顺、陈子善、陈梦熊、陈富康、徐迺翔、解志熙、张桂兴等在史料建设上卓有成绩的学者,他们群策群力,在史料发掘中相互支持,经常无私地向同行提供重要佚文的线索;他们相互砥砺,为了某篇文章或某条注释,经常展开激烈的学术争鸣,而健在的作家则纷纷撰写回忆录,支持史料建设。而所有这一切,都离不开出版社和刊物的支持,上海文艺

---

① 梁启超:《中国历史研究法》,《中国现代学术经典:梁启超卷》,1996年,第428页。

出版社、天津人民出版社等出版社和《新文学史料》《中国现代文学研究丛刊》等刊物,都为现代文学史料的积累做出了贡献。正是在重视史料的学术环境和学术风气中,鲁迅、周作人、茅盾、郑振铎、郭沫若、闻一多、郁达夫、老舍、冰心、胡风、冯雪峰、丁玲、废名、朱自清、沈从文、穆旦、冯至等,都有了较为成熟的年谱,有的还不止一种。由于年谱的编写已成规模,相互对校,共同提高,也就成为可能。现代文学史料的积累,也就像滚雪球那样,越滚越大了。

在20世纪80年代,当代文学界也曾出现过一个资料建设的高潮,围绕着"中国当代文学研究资料丛书"的编辑与出版,苏州大学、复旦大学等三十余所高校中文系联手协作,福建人民出版社、解放军文艺出版社等七八个出版社积极参与,先后推出柳青、梁斌、杨沫、杜鹏程、王愿坚、王汶石、刘白羽、魏巍、吴伯箫、秦牧、杨朔、王蒙、茹志鹃、徐迟、徐怀中、胡奇、李准、刘心武、刘绍棠、丛维熙、玛拉沁夫、谌容等数十位作家的研究专集,在文学史的写作与研究中发挥了重要的作用。可惜进入20世纪90年代以后,由于出版业的市场化转型,这项很有意义的工作中断了,而轻视史料建设的学风也在学界弥漫开来。

我觉得,有计划地推进当代重要作家年谱的编撰,必须慢慢扭转轻视史料积累的学风,营造良好的学术环境。在作家选择上,应该把上述收入"中国当代文学研究资料丛书"的作家纳入年谱编撰的范围,一是因为当时出版的多数研究专集还不够详尽,二是不少作家在出版了研究专集后,又有了时间长短不一的创作历史,需要做出进一步的整理。此外,还有许多在"十七年"间进入写作高峰期或开始文学写作的作家,没有列入上述研究丛书中,如吴强、曲波、高晓声、陆文夫、蒋子龙、鲁彦周、莫应丰、陈忠实等,可以纳入年谱整理的范围。再者,我赞同程光炜先生的意见,可以把一些出生于"50后"的作家和少数出生于"60后"的作家纳入年谱范围。因为他们当时创作资历尚浅,没有被列入研究丛书的范围,但经过三十年左右的创作后,在文学界产生了重大的影响,如韩少功、莫言、贾平凹、张炜、王安忆、史铁生、刘震云、阎连科、铁凝、张抗抗、方方、池莉、王小波、苏童、余华、格非等,这些作家现在已经六十岁左右,对其创作历史进行总结的时机已经成熟,在资料整理方面,我们有必要抓住宝贵的时机,提前着手进行。

由于涉及的作家多,工作量大,需要各方面通力合作,互通有无,才能汇聚较为完备的史料基础。作家应该为史料建设添砖加瓦,20世纪80年代,曾经出现一个现代作家撰写回忆录的浪潮,而20世纪90年代以后谢世的作家,留下较为详尽的回忆录的,可谓寥寥无几,这种状况应该有所改变。在积累史料方面,出版社和学术刊物也是责无旁贷的,与其大量刊发那些毫无创意的东拼西凑的学术泡沫与旋生旋灭的文化垃圾,不如脚踏实地为学术与文化的繁荣做些最基础性的工作。在研究生教育中,也要加强史学基础的训练,可以通过撰写作家年谱,提高学生研究历史的能力,培养一批在文献辑佚整理方面学有所长的年轻学者。

今天,在不久的将来都会成为历史,作为历史的当事人,我们都有责任为未来的历史留下一些有益的历史记录,不要让我们或惨痛或美好的历史记忆悄无声息地消失于历史的长河之中。希望能够有更多的人参与到这项工作中来,因为,只有有计划地推出一批高质量的作家年谱,才能把当代文学史料建设工作向前推进一步,才能像现代文学乃至古典文学那样成为一门真正的学问,才能为当代文学史研究的深化奠定坚实的史料基础。